快消品经销商如何快速做大

杨永华◎著

图书在版编目（CIP）数据

快消品经销商如何快速做大/杨永华著．—北京：企业管理出版社，2015．4

ISBN 978-7-5164-1023-3

Ⅰ．①快…　Ⅱ．①杨…　Ⅲ．①经销－商业管理　Ⅳ．①F713．3

中国版本图书馆 CIP 数据核字（2015）第 038045 号

书　　名：快消品经销商如何快速做大

作　　者：杨永华

选题策划：刘　刚

责任编辑：谢晓绚

书　　号：ISBN 978-7-5164-1023-3

出版发行：企业管理出版社

地　　址：北京市海淀区紫竹院南路 17 号　邮编：100048

网　　址：http：//www．emph．cn

电　　话：编辑部（010）68701638　发行部（010）68701816

电子信箱：qyglcbs@ emph．cn

印　　刷：北京宝昌彩色印刷有限公司

经　　销：新华书店

开　　本：710 毫米 ×1000 毫米　16 开本　16 印张　220 千字

版　　次：2015 年 4 月第 1 版　　2018 年 7 月第 2 次印刷

定　　价：56．00 元

博瑞森图书：企业阅读　本土实践

亲爱的读者朋友：

也许您是博瑞森图书的老读者，也许是新朋友，欢迎您阅读博瑞森图书！

当今中国，各行各业都存在着转型升级的压力与机遇。博瑞森图书与您一同应对转型挑战并发现其带来的机遇。

我们一直在问：什么样的书能为您解决管理难题并带来启发？

我们一直在找：哪些作品能帮助企业从跟随到领先？

我们一直在做：把最好的作品以最便捷的方式呈现给您，纸质版、电子版、书摘邮件、微信……

我们策划图书的原则是：

- 企业阅读——与您一样，做水中的游泳者，而非岸上的观众或教练，企业的困惑就是我们的任务。
- 本土实践——与您一样，立足本土环境，追求卓越实践，传播最适合当下中国企业的管理之道。

我们也向所有的企业管理者、管理咨询专家和企业研究者征稿，让更多被实践检验的好思想、好方法迸发出来，为企业助力！（bookgood@126.com 或 QQ：1963328416 或手机号 13611149991，绝非“自费出书”，不向作者收取任何费用）

如果有一天，您把博瑞森图书视为您优秀的事业伙伴、管理助手，我们也就实现了自己的梦想。

博瑞森图书

推荐序1

赢，从来不是在起点而是在转折点

养元六个核桃　总裁 

商场如战场，这个原理在如今的快消品市场领域正得到充分地展现。变动的市场与变化的需求给营销工作带来挑战，依赖营销战术也许能取得一时、一市（场）的成功，但要做到持续的成功已是难上加难，甚至还有人可能掉入成功陷阱——“过去的成功已成为今天的包袱，今天的成功成为明天的束缚”。快消品市场的这种变化让众多的营销从业人员走到了一个非常关键的十字路口，学习与创新变得比以往更加重要。学习把握现在，创新迎接未来。站在前人的肩膀上，学习他们的营销智慧与经验并与时俱进，这样的营销人员，路会越走越宽，会从成长走向成功；相反，那些只低头拉车而不抬头看路，甚至连车都拉不好的营销人员，不仅会越走越累，生存空间也会越来越小。变局中的快消品市场要继续向前发展，需要营销智者的推动。

智者以良好的学习习惯和实践精神做基础，不走冤枉路，善于学习前人总结出来的规律、理论和经验。智者有正确的价值观，会将知识应用于实践并从中产生价值。智者有理性的批判精神，不生搬硬套，会活学活用。智者有使命感，不满足于自己一人的成长，而是以整个行业的进步为荣。

幸好，快消品领域正涌现出越来越多的营销智者，杨永华先生就是其中一位。结识杨永华先生是在养元智汇饮品企业 2009 年初的年度营销培训上，那是我们企业战略崛起的元年，他不仅为我们做了非常有价值的培训，而且还从咨询的角度给了我们非常好的建议。之后的这些年，我们不仅有着各种形式的合作，而且也成为了非常好的朋友。

多年的合作与接触，我知道杨永华先生有着深厚的理论功底，有着从基层业务到领袖型企业操盘手的营销从业历程，有着助推快消类行业企业从成长到成功的咨询经历。如今他在经销商转型与升级的历史性时刻，带领团队不遗余力深入一线市场调查研究，并且将研究融入实践，将实践贯穿研究，以“实践先于理论，理论指导实践”的辩证方法，为经销商未来发展指明了道路，并愿意将自己的研究成果整理成书，是十分难能可贵的。

首先，本书在互联网、移动互联网、物流及电商的大环境下，研究传统经销商、批发商面临的挑战与机遇，告诉了传统经销商、批发商如何转型升级。在分析总结过去 20 年商业流通市场发展规律的基础上，对未来 20 年中国商业流通市场的变革及发展趋势做了预判，创新性地提出“横向复合多元化渠道”的概念，相比过去 20 年的“纵向单一主渠道时代”，提出从“渠道为王，终端制胜”转变为“推广为王，顾客制胜”的理论。我个人认为，这是非常值得细细品味和思考的。

其次，本书明确指出经销商规模竞争时代的到来。对于经销商而言，在后有同行业追兵，前有移动互联网及物流助推下的电商拦截，唯有形成规模才能得以长存。没有规模就没有未来。

最后，本书明确地告诉我们的经销商、批发商，在互联网、移动互联网、物流及电商的大背景下，如何突破发展瓶颈，实现快速成长，以规模赢得未来。

养元六个核桃 2014 年销售收入突破了 60 亿元，这得益于我们养元智汇企业与经销商携手合作的战略，同时，养元智汇企业也非常重视经销商队伍建设，全面关注经销商的发展与提升。从 2012 年我们启动“金商工程”开始，我们每年都会举行大规模、高规格的经销商培训活动，观峰咨询董事长杨永华先生就是我们养元智汇企业经销商转型与升级工程的指导者和规划师。他的研究成果不仅从理论上给了养元智汇企业很大的帮助，而且指导了我们经销商团队的进步与发展。

推荐序2

与"市"俱进：经销商发展的唯一法则

著名营销培训专家 

"变"是时代永恒不变的主题，变化带来的挑战与机遇也是永恒的命题。美国著名未来学家约翰·奈斯比特先生说："成功不是因为解决了问题，而是因为抓住了机会。"

毋庸置疑，互联网、移动互联网、物流及电商的崛起，的确给传统经销商、批发商既带来了挑战，也带来了极大的机遇。

在这种大背景下，"实体店坍塌"、"传统经销商批发商消亡"等言论充斥耳边，经销商、批发商惶惶不可终日。

是的，移动互联网已经让 PC 成了传统行业。连续几年来，"双 11"一直刷新京东、天猫等电商企业的记录，电商似乎成为不可逆转的趋势。这些也似乎不断在印证

"实体店坍塌"、"传统经销商批发商消亡"的结论。

但是，我与经销商、传统批发商打交道已经二三十年了，准确地说，我做培训，尤其是做经销商、批发商的培训已经 20 多年了。在此期间，我与广大的经销商、批发商结下了深厚的友谊，也倾注了我的真情。

面对"实体店坍台"、"传统经销商批发商消亡"的论调，我很焦虑，不停地思考如何能够让我们这些靠辛苦付出赚钱养家的经销商、批发商得到持续发展。

在我苦苦思考和追寻之际，恰好与国内著名的咨询智业机构——观峰咨询团队交流，得知他们早在两年前就已经成立中国经销商发展研究中心，并专门设立经销商发展研究项目组，针对"互联网环境下经销商如何做大做久"这一课题实施了专项研究，并且取得了很大的突破。与此同时，用研究结论辅导国内许多著名大经销商、批发商实现成功转型升级与发展。

今天，观峰咨询团队愿意把他们的专项研究成果以书的形式对外发布分享，我非常高兴，也感到莫大的安慰。

这本书，第一，是在互联网、移动互联网、物流及电商崛起的大环境下，准确定义了当前经销商、面临的新市场周期，即重构期。不仅阐述了经销商批发商市场变化的现象，更重要的是揭示了市场变化原理及架构，向我们立体展示了市场变化的客观规律。

第二，阐述了当前经销商、批发商所遇到的"钱难赚，货难卖，人难找，事难管"及不发展的原因，通过这些解释了制约经销商、批发商发展的瓶颈。同时，难能可贵地提出了经销商如何突破发展瓶颈，实现快速成长的成功方法。

第三，讲述了在当前大背景下，经销商、批发商竞争的核心。同时还指出了企业如何在竞争中做大做久，实现基业长青、成为百年老店的战略目标。

第四，最后部分是本书的结论，同时也是方法论。它明确告诉我们在当前大背景下，经销商、批发商整合淘汰的速度加快了，经销商、批发商大浪淘沙的时代已经到来；打铁还需自身硬，应对电商、卖场及经销商、批发商竞争整合淘汰的唯一出路，就是扩大自身的规模。经销商、批发商未来竞争的核心是规模。规模竞争时代已经到来。对于经销商、批发商而言，没有规模就没有未来。

当然，有着近20年市场一线实践与研究经验的观峰咨询团队，重点在这里给经销商讲述了如何成功实现做大做久的思路与方法。他们把经销商实现快速成长，持续经营的思路与方法以“两把刷子理论”展示给经销商：一是成功的新品推广。经销商只有持续具备成功推广新品的能力，才能立足于不败之地。他们明确表示，未来不会成功运作新品的经销商一定会很快被淘汰出局。二是渠道分类运作与市场精耕。深度分销理论是著名管理学者、中国人民大学教授、博士生导师包政先生早在1996年提出并应用的。近20年来，中国营销，尤其是厂商的市场运作思维和方法，几乎都是在“渠道为王，终端制胜”的理论指引下进行的。但本书的作者团队针对当前的市场发展与新的市场运营周期，继承并发展了深度分销理论，这得到了包政先生的极大认可与赞许。

深度分销是渠道单一时代的产物。在过去很长一段时间里，从渠道的角度看，我们的市场处于纵向一体化的主渠道时代，经销商面临的是大批发、大流通，没有大卖场、便利店、社区店，更没有电商，也没有强大的物流。如今，市场飞速发展，有了卖场、便利店、社区店、会所店、电商，以及强大的物流作支撑，我们的市场发生了深刻的变化。从渠道的角度看，我们的市场正处于横向多元化渠道时代。

过去20年，是渠道单一的纵向一体化时代，深度分销让我们成功实现了市场的精耕，而未来的20年，是横向多元化的渠道时代，只有渠道分类运作才能实现市场精耕。在过去的渠道纵向一体化时代，深度分销足以制胜市场，而在现在和未来是渠道横向多元化的时代，也是推广制胜的时代。这告诉了经销商，为什么不动销成为难题，也给出了如何解决动销难题的方法，因为动销是2014年中国市场营销出现频率最多的词汇，也是最难的难题。

我与观峰团队的成员们是好朋友，观峰咨询董事长杨永华先生是我最欣赏的一位朋友，他们过去取得的成绩让我非常骄傲，他们今天的成果也更让我感到欣慰。祝福他们，也希望我们的经销商朋友能有缘读到这本书，因为随着阅读的碎片化、信息化，读完一本书已经成为一件非常不容易的事了。

推荐序3

创新力才是竞争力

糖烟酒周刊杂志社总编辑　华糖商学院院长

国内快消品界著名智业机构观峰咨询的董事长杨永华老师，带领团队历时3年潜心研究的“互联网、移动互联网、物流及电商背景下的经销商做大做久理论”，已成为一本厚厚的书稿，摆在案头。在感谢杨老师为中国快消品经销商的发展与转型用心谋划的同时，我也在思考：在互联网推动电商崛起的商业流通市场重构期，经销商的竞争力到底是什么？我们该为经销商提供哪些更务实的服务？

纵观每一次经销商的调整和升级，都与市场营销环境的变化相关，都与消费者的变迁有关，即经销商在外因与内因的共同作用下，主动或被动做出调整，重新构建自己的营销系统，每一次重构都是一次转型，都是一次升级。

在纷繁变化中，能够保持优势、不断领先的一定是那些敢于创新的经销商群体，因此创新力才是经销商恒久不变的竞争力，也是经销商做大做久的内在驱动力！

创新力体现在方方面面，对于经销商而言，可以归结为两点：一是对消费者的洞察力，二是对市场的掌控力。商业流通市场进入重构期，根本的变化在于消费者。在中国宏观经济发展的大背景下，消费者开始从最初的生存型消费转向享受型消费，他们更重视自身的感受和体验，更加理性，更加关注产品的性价比，在消费方式上也更加崇尚便捷。这种内在变化，要求经销商要改变以往从上到下的简单售卖方式，变为研究消费者，发现消费者新需求，形成自下而上满足消费需求的方式。这就要求经销商从营销模式、组织结构、促销手段等方面做出改变，尤其是要强化对80后、90后消费者的研究，因为他们是未来消费的主体，抓住了他们，就抓住了未来！

移动互联时代的到来，让经销商所牢牢掌控的渠道一下失去了壁垒，让渠道更加碎片化，让价格更加透明化。这让经销商无所适从，充满了对未来的恐惧：我们该如何去做？我们能做多久？在这里，希望经销商能正确看待电商带来的冲击，既不能夸大恐惧又不能忽视恐惧，而是要积极调整，把微营销作为一种营销手段去积极尝试。这样才能做好移动互联时代的传统销售，才能让传统的销售渠道提升效率，才能重新强化对渠道的掌控力！

消费者和移动互联时代的到来，要求经销商一方面要做精细化，另一方面要做规模化，从两方面锻造自身的竞争力。精细化主要体现在服务上，在同质化竞争的市场环境下，如何让消费者感受到你的真诚和用心，如何在细节上突出你的特色和不同。这需要创新，更需要用心。可以说，未来经销商之间的竞争，取决于谁先解决买方和卖方之间的那“最后一公里”。规模化是让经销商的体量变化，增强抗风险的能力，形成规模优势，这种变化以前靠积累，现在靠模式，只有模式创新，规模才能做大！

以上这些观点，在杨老师的书中有更深入的体现，这说明，大家对经销商未来发展的思考是一致的。希望广大经销商读者能认真阅读、细心体会。创新可以是创造，也可以是重构。思维上的变化、行为上的调整，会带来不一样的效果。

有件小事，可以说明重构和创新的关系。以前公司楼下有 4 部电梯，都能直到顶楼，由于办公人员多，每天都会形成拥挤，效率很低。后来，物业公司做了调整，第一部电梯可达 5 ~ 10 层，第二部可达 11 ~ 15层，第三部可达 16 ~ 19 层，第四部可达 22 ~ 26 层。调整之后，效率极大提升，拥堵的现象也消失了。这就是重构，更是创新！

最后，再次感谢杨永华老师和他的团队，对于中国经销商在新时期的发展和转型作出的智慧贡献，也希望本书的出版对经销商的未来的发展大有裨益！

2015 年 2 月 5 日

这不是一本简单的书，这是国内著名咨询策划机构——观峰咨询，集合30多位具有15年以上实践与研究经验的资深咨询策划师，与国内500多位经销商、批发商两年多共同潜心实践与研究的成果发布。

2012年年底开始，观峰咨询团队针对互联网、移动互联网、物流及电商崛起大背景下的市场变化、商业变革、经销商生存及对中国过去20年流通批发市场做了系统思考与总结，诠释了中国批发流通市场20年的演变过程，演变路径及变化规律，透析了从20世纪80年代的商品经济，20世纪90年代的商品经济和新世纪的市场经济——21世纪的信息经济。

这不是一本简单的书，是对国内批发商经销商20年发展历程、变革历程及成长历程的解读。

从商品经济初期的“倒爷时代”，到市场经济初期的“坐商时代”，再到后来的“行商时代”，以及“网络时代”“终端时代”……“中国流通市场3年一个变化，5年一个周期”，在不同时代下，为什么很多优秀的经销商消失了，为什么大量的新经销商崛起了，为什么有些经销商经商十几年、几十年一直问题缠身，“做不大”也“做不死”。

这不是一本简单的书，过去20年，在深度分销理论指导下，很多经销商一直靠“渠道为王，终端制胜”的法宝取得了突破，获得了持续发展。而最近两年，“渠道为王，终端制胜”不太好使了，动销成了难题，不动销成为共性问题。

这不是一本简单的书，这是对未来20年中国流通市场、商业模式、市场模式变革的一种解读。

过去的20年，中国的消费是生存型消费，基本上是必需型消费，不得不的消费。从现在开始，一直到永久的未来，中国的消费是享受型消费。在消费者不缺钱的时候，如何让消费者用钞票给你的产品投票，是厂商取胜的不二法则。

这不是一本简单的书，这是一个新市场周期、新市场时代的提示声。

过去的20年，从渠道的角度看，中国的市场是纵向一体化的主渠道时代。渠道单一，只要能够深耕，只要能够解决消费者“方便买，乐于买”的问题，也就是解决了铺货与陈列问题，基本上市场的问题就解决了。而现在和未来，这将不再成立。原因很简单，随着互联网、移动互联网、物流及电商的崛起，很多传统行业都会被颠覆。因为从渠道的角度看，中国的市场是横向多元化的渠道的时代。

可以肯定的是，过去20年是渠道纵向一体化时代，市场运作的核心是解决市场铺货的问题，即市场的占有率和能见度；现在和未来，是渠道横向多元化时代，市场运作的核心是“解决撬开消费者嘴的问题”，现在和未来，是顾客为王的时代，用时髦的话说，是顾客体验时代。

毋庸置疑，终端之后是推广，推广时代已经到来。我们的厂商不要再固执地认为做市场就是铺货铺货再铺货。铺货率等于市场占有率的市场时代已经成为过去，一去不复返了，而动销率、成活率将成为今后市场运作的主体，当然，“撬开嘴”是动销的前提。

我们经常说的一句话就是：“过去20年把货铺出去就是完成了市场

操作，而现在和未来把货铺出去，才完成了1%的市场工作，99%的工作是如何撬开消费者的嘴。”只有“撬开嘴”才能有口碑。

这不是一本简单的书，这是告诉我们经销商如何与市场俱进的肺腑声音。

重构期的市场周期已经到来，而构成市场重构期的核心因素是消费转型。互联网时代，随着信息一体化，消费者变聪明了。过去几千年的一句商业俗语失灵了，这句话就是：“南京到北京，买方没有卖方精。”现在是买方卖方一样精，因为信息对称了。

随着市场重构期的到来，市场从纵向一体化的主渠道时代将转变为横向多元化的复合渠道时代，厂商市场操作解决了渠道有货的工作只解决了市场工作的1%，而99%的工作是如何撬开消费者的嘴，即第一次购买，并实现连续三次购买。

这不是一本简单的书，它告诉我们经销商，不在沉默中爆发，就只能在沉默中灭亡。因为对经销商而言，现在正处在“前有堵截”，即卖场、电商崛起；“后有追兵”，即同行竞争的状态。

我们不要忘记，随着卖场的崛起，很多批发商消失了，夫妻店关门了。

我们更不要忘记，随着电商的崛起，又有很多卖场关门了，同时也有很多批发商消失了。

我们更不能忽视，随着电商崛起，很多企业不仅开始渠道扁平化，更重要的是，很多企业开始直接通过电商服务消费者了。渠道商甚至经销商的价值链被重构了。说直白一点，就是经销商在厂家，尤其是在市场价值链中的价值弱化了。

面对这种局面，怎么办？难道我们要像阿Q式的一句话那样：“生死由命，富贵在天？”

打铁必须自身硬！

我们明确地告诉大家，规模是经销商的唯一出路。没有规模，我们不仅没有将来，也没有现在。

因为没有规模意味着没有市场能力，品牌厂家不愿意选择你；

因为没有规模意味着没有愿景，员工不愿意长期追随你；

因为没有规模意味着没有渠道控制力，下线客户随时淘汰你；

因为没有规模意味着没有团队，所有活自己干，忙晕你；

因为没有规模意味着不成长，同行对手很容易打败你；

因为没有规模意味着赚钱少，自己就会主动放弃；

因为没有规模意味着没有资源整合能力，一切只能靠自己。

怎样才能突破成长瓶颈，实现快速成长有规模呢？答案很简单，一是成功推广新产品，二是进行市场精耕细作。

但怎么成功推广新产品，答案就不简单了。因为很多经销商就是不会新产品推广，厂家一推出新产品，经销商的头就晕。当然，因为不会成功推广新产品，所以连接一个新品的勇气也没有。

同样，怎样进行市场精耕细作，答案也不简单。因为渠道横向多元化、复合化，主渠道被分割，出现市场渠道碎片化。面对这种市场该怎么运作，我们的经销商已经很迷茫了，还谈何精耕细作呢？

我们明确地告诉经销商重构期的市场特征及运行规律，随着市场运行转型、变化，我们的市场操作该如何变，也给出了详细的方法。

这不是一本书，这是我们对经销商的一份真情。

因为我们与厂商一起走过了20年，未来至少还要相伴20年。我们深知“三年学个秀才，十年学不会做生意”的道理。经销商是伟大的群体，是中国经济发展不可或缺的力量。我们的经销商绝大多数是白手起家，起早贪黑做生意，靠着自己的辛劳与智慧生存发展。

面对时代变革，市场转型，我们不愿意让我们的伙伴掉队，我们是在呐喊，让我们的经销商在思考中前进，在前进中思考。

这不是一本书，这是一个时代发展的声音，这是为经销商做大做强，永续发展的鼓与呼！！

观峰咨询经销商发展研究中心课题组

在互联网、移动互联网及物流、电商等因素的推动下，中国商业流通市场发生了本质性变化。面对着这一变化给中国经销商、批发商带来的机遇与挑战，观峰咨询机构2012年联合华糖商学院、郑州外商投资管理专业学校，邀约国内著名学者、专家及国内不同区域、不同规模、不同类型的经销商、批发商、代理商、贴牌商（OEM）成立了“经销商发展研究课题组”，深入研究中国商业流通市场领域的机遇与挑战，并在“实体店坍塌”、“经销商消亡”的喧嚣声中，研究中国经销商，批发商如何顺应趋势，构建未来发展的比较竞争优势。

历经3年的深入研究，我们从消费需求、消费行为、消费心理、渠道变革、市场运作等方面，对过去20年中国商业流通市场做了系统的分析与总结。同时，也对未来20年中国商业流通市场的趋势及未来做了系统的研判，从机遇和挑战的角度，对经销商、批发商做出了指导。

研究以国内不同区域、不同规模、不同类型的经销商、批发商、代理商、贴牌商（OEM）为实际参照模本，以现场分析、实践、论证为主。在研究过程中，我们运用理论指导过一些经销商，取得了很好的效果。为了感谢大家的辛苦付出，同时惠及更多的经销商、批发商，我们特将部分内容编辑成书，随后还将以系列丛书和视频课程的形式将其展示给大家。

观峰咨询经销商发展研究中心课题组构成：

观峰咨询经销商发展研究中心课题组理论架构师：杨永华【著名企业成长路径规划师，观峰智业集团董事长，中国中部产业发展研究中心主任，《中国中部》杂志社社长】

观峰咨询经销商发展研究中心课题专家组组长：郭德苍【华糖商学院常务副院长】

观峰咨询经销商发展研究中心课题专家组副组长：姜兴国【郑州外商投资管理学校校长】

观峰咨询经销商发展研究中心课题组高级研究员：鞠树军、曹慧、张光辉、张天杰、孟庆全、李凤涛、张胜军、冯红松、杨辉晓、卢保民、焦永福、孙国红、徐森、魏立、郭会宣、商海超、王辉、刘争光、赵伟、马国峰、刘连恒、贾伟、李亚光、方红军、朱满仓。

目录

第一部分　经销商规模竞争时代的来临

第三部分　渠道分类管理与终端动销

第一部分

经销商规模竞争时代的来临

第一部分
经销商规模竞争时代的来临

对于厂家或者经销商而言，“做大”似乎意味着头脑发热。因此，很多厂商忌讳“做大”这个词，特别热衷于所谓的“做强”。殊不知，“做强”的基础是“做大”，无论是企业还是经销商，稳健的经营都是在一定规模的前提下才能实现的。

正如本书中一位大商坦言：“我们经销商既不是公安局，也不是法院，你让二级经销商听你的、卖你的货，他们就一定卖了吗？如果二级经销商的营业额50%都是来自你的产品，他就会对你非常忠诚。”

对于经销商而言，即使忽略互联网、移动互联网，以及物流、电商崛起带来的冲击，单就整个商业流通领域而言，随着商业流通领域的产业集中度越来越高，商业流通领域垄断寡头竞争时代也已经到来。对于经销商而言，没有规模就意味着消亡，没有规模就意味着没有资源优势、没有影响力、没有稳定性。

经销商如何才能突破成长的瓶颈，建立规模优势，以应对电商、微商的拦截和同行业竞争对手的扼杀呢？

本书的这一部分，重点从经销商为什么要有规模、如何构建规模经营的优势说起，通过深刻的认知市场和消费的变化，分析制约经销商发展的主要因素，给出了如何快速发展的思路和方法。

第一章

看清趋势才有未来

一、趋势大于优势

从我做销售到现在，至少经历了四代经销商。第一代是糖酒公司、副食品公司、土产公司；第二代是 1996 年、1998 年从单位辞职下海的一批人；第三代是 2002 年、2003 年新经销商时代的一批人；第四代是创业的这一代人。每一代经销商发展起来，都会迎合时代市场的发展趋势。

我在 1996 年开始做业务员、跑业务，打交道最多的经销商朋友是刚刚从副食品公司、供销社和土产公司出来的。那时候一部分人刚从单位出来下海，自己做个体户，都在聊某某人有多大优势，在过去的公司积累了多少关系等。当这些个体户发展起来后，一些糖酒公司、土产公司和副食品公司就办不下去了，原因是个体户符合趋势，更容易服务于市场。

在 2005 年左右的时候，很多商超发展起来，冲垮了很多夫妻店，因为它比夫妻店的商品更全、购买环境更好、规模优势更明显。

2013 年开始，沃尔玛公司在中国关了很多家店，因为电商崛起之后，大卖场的优势不明显了。我们知道，一般大卖场都在最繁华的位置、最好的路段，房租最贵，不仅各种费用高，还有各种税收，而电商因为是仓储物流商，没有房租和高昂的管理成本。当电商发展起来之后，抢走了商超大卖场最赚钱的电子、服装及化妆品类产品的利润，最后大卖场支撑不住了。

所以，无论做什么事，我们都必须经常思考两件事：第一，不要觉得自己已经做得很好了，没有危机感；第二，也不要觉得自己做得不好，没有未来。

为什么？因为即使你做得很好，如果没有把握趋势的方向发展，让后来者抓住趋势，后者就会以弱胜强、以少胜多，取得胜利，这就是趋势大于优势。谁能更迎合市场发展、渠道变革和消费需求的趋势，谁就更具备发展的潜力。

二、消费者变了

新科技的发展，社会的进步，促使市场发生变化。从 20 世纪 90 年代的“BB”机，到“大哥大”，再到智能手机和互联网的普及，厂商和消费者信息不对称的时代基本结束了，消费环境进入了信息一体化时代。

有一部智能手机便可知天下事，这影响着消费者的消费形态、消费心理、消费习惯和购买习惯。酒鬼酒的“塑化剂”事件，老坛酸菜的“坛子门”事件，康师傅的“地沟油”事件，无不充分说明信息一体化对消费趋势的影响，消费者对每个品牌、每个品类、每个产品消费认知的深入，且获得信息的方式如此方便。

过去，我们调研市场、走访终端店，店老板说得最多的是：“我们卖什么，客人就买什么。”然而，现在店老板说得最多的是：“众口难调，也不知道哪个好卖。”从这种消费需求变化不难看出，过去消费具有明显的模仿型排浪式特征，现在这个阶段基本结束，个性化、多样化消费慢慢成为主流，我们正在进入消费主权时代。在消费主权时代，不是你有什么产品就能卖什么产品，不是你定什么价格就能卖什么价格，消费者有自动价值认知。

经销商如何应对信息一体化？一是提升经营产品或品牌的市场拉力，以品质助力消费；二是服务终端，提升终端与自身的黏性，增强渠道推力；三是迎合市场未来的发展趋势，打造顾客价值认同感。

三、服务要跟上

随着市场竞争日益加剧，企业、经销商之间的竞争白热化，各个品牌的产品品质同质化日益严重，那么谁能为下游终端客户乃至消费者提供更好的服务将至关重要。经销商对终端、顾客提供服务的能力就是其市场能力强弱的具体体现。综观当下经销商所做的市场服务，往往不是市场增值服务，而是为了弥补产品的不足。服务并未带来产品的附加价值，如果不能增值，服务将失去意义。

服务是行动而非形象。大家可能都去过麦当劳、德克士，它们的就餐大厅中有一个儿童乐园，当有带儿童就餐的顾客入店时，就会有专门的幼教店员领着小朋友一起在儿童乐园做游戏、唱儿歌、看护小朋友等。这种服务就是它们为消费者所提供的增值服务，并为此付出了实际行动，是消费者看得到、体会得到的实际服务。

我们也接触过很多经销商，他们的门店里到处摆着货物，产品堆放杂乱无章，买东西的人你挤我扛，车子随意停放，坐没坐的地方，站没站的地方，但他们还是把让顾客满意的招牌挂在墙上。服务不是态度而是承诺，比如为顾客提供一张凳子、一杯水、一个良好的购物环境等。海底捞火锅为何在三伏天顾客也排长队？因为在这里等的顾客有人给擦皮鞋、修指甲，还提供水果拼盘，还能上网、打扑克、下象棋，而且全部免费！吃饭的时候有衣罩、手机罩、眼镜擦拭布等。他们的服务不是流于形式，而是对顾客做出的承诺。

作为经销商要梳理哪些是二级经销商做出的服务，哪些只是流于形式，需要自身改变和提高的。要把服务变成客户能实实在在感受到的东西，把服务能力转化成自身的市场能力。

四、渠道多样化

2013 年 10 月起，沃尔玛开始在中国市场启动门店调整计划：未来 18 个月，计划在中国市场关闭 15～30 家门店。据悉，2013 年 1 年，沃尔玛就在全国关停了 14 家店。2014 年 3 月，沃尔玛关停了 6 家店，传统零售行业的这种关店速度似乎前所未有。更加想不到的是，当年广州五大商业街之一的“状元坊”商业街，在 5 年前没有一个广州人会相信这条街会迎来“倒闭潮”。冷清的街道和以前要“挤进去”的景象对比，几乎让人以为是走错了地方。据《2013 年主要连锁零售企业关店统计》显示，2013 年主要外资零售商超关店总数达 31 家（不含家居、电器类），国内主要连锁零售企业关店总数达 31 家。其中，沃尔玛关店 14 家、乐购关店 3 家、卜蜂莲花关店 2 家、永辉关闭门店 7 家、新华都关闭 3 家、人人乐关闭 2 家等。百货业态关闭门店 15 家，其中包括王府井北京大钟寺店、广百百货成都富力天汇店、广百百货武汉摩尔城门店及四川泸州成商集团旗下的人民商场等。

中国正处于经济发展的高速时代，为什么实体店却面临关店潮呢？

这和互联网电商发展有着密切的关系，阿里巴巴和京东等电商企业的飞速成长，迫使传统零售企业遭遇关店潮。细心的朋友可以发现，除了沃尔玛外，国内的其他传统零售商也出现了同样的问题。

小米的成功充分说明了电商发展带来的骄人业绩。小米创始人董事长雷军在 2014 年 1 月 2 日总结会上通报了小米 2013 年的业绩：2013 年，小米总计销售 1870 万台手机，增长 160%；含税收入 316 亿元，增长 150%，其中，仅 12 月当月销售 322.5 万台，含税 53 亿元。小米产品用户突破 3000 万人，2014 年销售至少 4000 万台，这是互联网思维模式的成功。

我常说，传统的实体经济是少林武当，但互联网是什么？互联网是机关枪！在机关枪面前，什么功夫都不堪一击。所以，我们不要和互联网斗争，而要拥抱互联网，要结合互联网重塑核心价值，创造自己的互联网思维模式。

互联网思维模式发展带来了以互联网为主渠道模式的日新月异。电商、微商、微店、B2C、O2O 等互联网营销模式无不冲击着传统渠道营销模式。传统渠道商“躺着挣钱”的时代已经过去，传统渠道利润逐步回归到合理空间。在消费主体转移和传统主流渠道被分割的情况下，渠道明显呈现多元化、碎片化、网格化。

从当下和未来渠道的发展趋势看，我们不难发现，为了利益，它们之间既相互利用又相互排斥，最终形成一种既竞争又合作的竞合关系。比如 O2O 模式，就要求线上推广和线下实体店有机结合，才能有效完成品牌宣传、产品推广、客户关系建立和顾客满意等战略性问题。

无论渠道如何变化，最终决定成败的核心是顾客价值认同感。只有完成渠道和顾客价值认同感的有机结合，只有更深入、更贴近消费者，才能适应竞争环境的变化，才能有效掌控渠道，完成自身的蜕变。

五、微利经营

随着市场环境的变化，厂商和消费者信息不对称的时代已经结束，随之而来的是信息一体化的微利经营时代，传统经销商最初靠简单卖产品挣差价的盈利模式将变得举步维艰。

“薄利多销”是一些生意人的口头禅，这句话道出了当下微利时代经销商盈利模式的真谛。可口可乐的经营理念中有一条“三买策略”，就是“买得到、买得起、乐于买”。“买得到”就是规模效应，没有这种规模效应，消费者怎么能做到向产品伸手；“买得起”就是以人性化的盈利模式迎合顾客价值的认同感，创造顾客集群一体化。

规模盈利模式主要依靠快进快出强势品牌的产品分销，经销商通过规模降低运营成本，赚取大量的现金流。在规模盈利模式下，经销商将成本作为扩张的基础，把价格作为主要的扩张武器，通过低价经销产品获取市场份额，争取下游客户，实现“快速放量”。

在现实市场中，那些大卖场就依靠规模盈利。它们把所有经营要素都与低成本相匹配，实现“薄利多销”，并不指望价格越高盈利越高。其规模盈利的三大途径：一是占有率，扩大行销区域和深度分销，做细、做强、做大市场，才能确保地位。如原来只做大流通批发渠道的现在投身夜场、酒店等渠道，不过，一定要做最擅长的。二是销售量，增加产品线和渠道数量，销售量越大，越有发言权。三是销售额，加大促销力度、增加促销手段，销售额越大越有盈利的机会。

“规模分摊成本”，规模大了，运营成本低了，盈利能力自然也就随之增强。

由于互联网的高速发展，渠道模式呈现多元化、碎片化的发展趋势，那么，经销商如何调整自身的渠道结构提升盈利水平呢？要调整渠道结构，构建自身核心渠道。过去市场需求旺盛，市场增长速度快，经销商一般采取全面突围、跑马圈地的市场运作方式，这也无可厚非。现在行业增速放缓，需求对市场成长的拉力明显减弱，如果我们继续在多元化、碎片化的渠道里进行市场运作，势必造成运营成本的增加，从而降低盈利水平。这就要求我们根据自身实力及能力调整自身的渠道结构，强化核心渠道的忠诚度和占有率，并依靠核心渠道优势，形成别人无法攻破的壁垒，赚取利润。

第二章

经销商到底难在哪

一、为什么钱难赚

我们在调研的过程中，发现当前很多经销商面临的问题大概可以用四句话概括：**“钱难赚、人难用、事难管、货难卖。”**

（一）渠道多元化，信息一体化，物流发达

过去批发渠道都是一条线，现在的渠道多了，除了 KA 卖场、商超便利店，还有电商，价格透明度越来越高。价格透明了就意味着差价难赚，单位商品的利润越来越低，过去卖一件产品能挣 5 元，现在利润越来越少。

中国现在有 17 个电商村，其中有一个在天津的滨海区。这个村子大概有 50 多户村民，家家户户都有几台电脑。做得最好的家庭一年卖一千多万元的货品。

另外，物流发达，大家做生意也越来越方便。过去，你要从厂家拿到一个样品很难，现在你今天打电话，第二天就能到了。

（二）新产品不赚钱

为什么我们做生意总是会陷入一种怪圈：赚钱的产品不上量，有量的产品不赚钱？

一个新产品刚刚上市的时候很赚钱，但是量少；等到上量之后，随着促销力度越来越大，有量的产品不赚钱了。所以，产品不火的时候气死人，卖火的时候又急死人。

推出新产品是我们赚钱的主要方式之一，但是新产品的推广又很难赚钱。例如，经销商接一个产品，厂家会说：“李老板，好好卖，卖好了能多赚钱。产品刚上市，我们公司给你那么大的力度，我们都不赚

钱，你也别赚钱。促销费我最少五元，你最少三元，我们一块儿做促销，等上量了你就赚钱了。”你也确实信了，三元促销费拿出来，俩人一起合着做。厂家的业务员信誓旦旦地告诉你：“记住，只要我们一起做促销，一定会赚钱。”但是当量上来的时候，促销活动也撤销不了，价格也涨不上去。最后，你突然发现上量了还是没有钱赚。

这时候，你问厂家：“你不是说我把产品推广好了就能赚钱吗？现在火了我怎么不赚钱？”他会跟你说：“我回去给你申请政策，你这个月只要能卖够五千箱，一件产品再给你加两元促销费。”这一万元你能拿到吗？拿不到。本来你只卖三千箱，现在让你卖五千箱，结果每个月你只能卖三千箱，最后又多了两千箱的库存，库存也是成本。

（三）资金周转率低

假如你在一个厂家投入 10 万元，就是一车货 6 万元再加 4 万元的库存欠款。如果你一年卖了 120 万元，厂家的净利润是 5%，你的资金周次数就是 12 次，你一年从这个厂家挣 6 万元，那么年回报率为 60%。如果你只卖了 60 万元，资金周转率降低，只挣了 3 万元，那么你的利润率只有 30%。所以，我们算账时不要去算一件产品的利润，要算流量速度、投入产出的速度周转率。

笔者有次帮一位经销商算了一笔账，他库房其中一个厂家的库存量有 30 多万元，因为产品畅销度不高，大部分是赊账，他大概垫了十四五万元，库存有一车货，大概七八万元。算到晚上 11 点，他终于算明白了：“我发现与这个厂家合作是亏钱的，投入 30 万元，一年卖不到 200 万元，资金周转率是 3 次，资金成本非常高，很难赚钱。”

二、为什么人难用

你成长的主要障碍是团队吗？你觉得自己现在是人手不够，还是缺少人才？你需要什么样的人推动成长？是缺少推广新产品的人？缺少开发产品的人？缺少做售后服务的人？

那么请问，您为打造和培养团队做了哪些具体工作？

现代管理学之父德鲁克先生说："企业家的本质就是创新与营销。"

因为你善于创新，所以你能当老板。因为你的员工不喜欢创新，所以他的社会角色定位就是员工。总而言之，你辛苦、你创新，那是因为你叫老板。

我觉得，影响经销商发展与成长的主要障碍是团队，问题有三个，第一是找不着，第二是留不住，第三是容不下。

第一是找不着。老板都是求贤若渴，就像刘备三顾茅庐一样。因为老板要找一个人不容易，要用心呵护这个员工，要比对待自己的孩子、自己的父母还用心。

第二是留不住。留住人靠什么？留人靠三个层次：一是待遇；二是感情；三是事业。

留人的最低层次是发工资，通过高工资把他留下来，待遇留人、工资留人是最低的留人级别。

第二个层次是感情，感情就是开心，大家感情很好、很亲，他没有当自己是外人。

第三个层次是事业。事业是什么？事业说白了就是长远规划。有人会说："给员工发了那么多钱，他还不留下来，还跑了，是白眼狼。"问题是他觉得你可靠吗？能做长久吗？

老板说："我和一个员工的关系非常好，在一起七八年了，给他的工资也可以，他离开我的公司就拿不到那么高的工资。”但为什么他还是走了？一种情况是他自己想创业；另一种情况是他看不到未来。我们做老板、做生意的人都知道，这就是自己一辈子的事业了。你把你的事业当成了归宿，但他没有把你这儿当成一个最终可以寄托终身的地方，所以这也是人员流动的原因。

第三是容不下。所谓容不下，是什么情况呢？任何一个人都会有各种各样的毛病，用人之长，天下无不可用之人；用人之短，天下无可用之人。我们如果用挑剔的眼光去审视一个人，他身上会有很多毛病。如果我们用他的长处，他就会有很多优点。

我们如何平衡新老员工之间、多和少之间、收入高和收入低之间的关系。

比如我们经常会碰到一种情况，老板把他的亲戚安排到最好的市场，把其他员工安排在薄弱市场，给他打天下。他把老员工全部安排在产品畅销，能拿高提成、高工资的地方，而把新招的人都放在最差的地方。容，就是能不能容得下，容是包容的容，就是要求老板能够建设一种正能量的团队文化。要经常向员工灌输这种思想，要去市场争，钱不是从老板兜里掏出来的。

另外，在一个公司、在一个团队里、在一个组织里，绩效是唯一衡量人的标准。有人爱说话，有人不爱说话，有人内向，有人外向，但绩效是唯一的标准，用业绩来衡量是最公平的。所以，我想问的是，我们为打造团队做了哪些具体的工作？

在一座城市的地下隧道，有一个老人天天在那里乞讨。一个刚参加工作的小伙子每天上下班路过这个地方，他骑着自行车，看见这个老人的背影，觉得老人特像他的父亲，动了恻隐之心，每天经过这个地方都给他五元钱。给了一段时间后，他变成给三元，几个月之后，变成一元了。

有一次，这个老人抓住他说：“小伙子过来，我问你一件事。”小伙子说："什么事？"老人说："我在这儿待了一年多，天天在这儿乞讨，你刚开始给我五元，过一段时间改成三元，最后改成一元。我不明白，你为什么是这样的人呢？"

小伙子说："老大爷，我刚开始上班，一次路过这个地方，看见你的背影，那一刹那，因为我父亲已经不在了，我觉得你像我的父亲。所以，我每一次都用特别深的感情给你五元。上了几个月班之后，我们单位出现了一个女孩儿，我们俩很好，开始谈恋爱。我们经常去看电影、逛街，花钱的地方多了，所以就只能给你三元了。最近我们准备结婚，结婚就要考虑买房子，所以就只能给你一元了。"

老头生气地说："小伙子，这就是你的不对了，你怎么能拿着我的钱去养你的孩子和老婆呢？"

上面这则故事里，到底谁养活了谁，谁花了谁的钱？

员工说："我天天给你干活，你的钱都是我挣的。咱们创业的时候，你什么都没有，你现在又买车又买房，我不是挣钱养活你了吗？"

老板会说："你刚到我这里上班的时候，就是个小孩，什么都没有，你跟我这么多年，现在什么都有了。"

所以，我们要给员工树立一个正确的价值观，让员工有感恩的心，分清是非。

前两天我看到一句话，特别有感触："这个社会是物质的社会，假如人的一生只能吃完 20 袋米，那么你一定会为 30 袋米发愁，为 50 袋米苦难，为 100 袋米去贪污。"我们看到贪官时都会感叹，他都那么有钱了，为什么还贪污呢？因为人的欲望是没有止境的。

但是做老板要有一种责任，要有一种义务，告诉你的团队什么是正确的价值观，什么是错误的价值观。

你自己已经成为经营高手，要想成规模，就要看团队的能力。我们要实现快速增长，实现规模经营，肯定不是光靠自身而是靠团队完成的。

三、为什么事难管

（一）只有亲人，没有新人

一般情况下，经销商都是以夫妻店形式开始创业的，发展好一点之后就找一些亲戚、朋友过来帮忙，壮大后想再接一些产品时会发现，最缺的是能够推广新产品、开拓新网点、能带来业绩增长的人才。

创业期招不到很多人，于是人们往往请亲戚过来帮忙。创业靠亲人，比较放心，也能干活。但是再发展的时候，就需要找新的人才突破团队瓶颈。创业靠亲人，发展靠新人，这是根本道理。如果只有亲人，没有新人，一定会制约经销商规模的发展。亲人和新人之间没有严格的界限，但只有队伍不断地扩大，才可能带来增长。

（二）没有规则，舍不得招人

大部分经销商认为：就七八个人，要什么规则呢？难道要在墙上钉上一大堆制度吗？其实，管理就像带小孩，在他小时候你没有教给他规章制度，等他大的时候，你想管也管不了了，因为他一直是这样成长的。《西游记》中的孙悟空没有戴紧箍咒时，谁也管不了。后来有了紧箍咒，他习惯了，就遵循规则了。

“一人为私，两人为公。”只要超过两个人就存在管理。管理并不是要你管千军万马，要带多少人。夫妻之间有没有管理？其实也有管理，在家里不也有个约定俗成的规则吗？

我曾见过一个经销商，我们正说着话时，他突然跑了，为什么？他忘拿钥匙了，钥匙还在仓库门上挂着。拿完钥匙后他回来坐了不到五分钟，他说："杨老师，我还得回去一趟。"我问为什么，他说："我得把钥匙送回去。本来一天送一趟货就行了，结果车跑快了，得回来再装一车，我还得拿着钥匙去给他开门装货，我点好数他再走。"我说："你都做到这么大规模了，为什么不找一个仓库管理员呢?"他说："请人不得花钱。一个仓库保管员，一年需要支出两万多元。"

我告诉他："你只看到了花出去的钱，没有看到花出去的这份工资会给你减少很多隐性的损失。你自己站在仓库门口数数，司机和业务员就会有钻空子的机会。你问有多少件货，他们说150件，你随便数数觉得也差不多，其实装了155件，把多出来的5件货卖了，就够他们的午饭钱了。"

"如果有一个库管，库管直接帮你把关。分销商进了一千箱货，回来交账说只有960箱，那你要问库管库里还有没有40箱货，库管说没有，那你要知道货去哪儿了。另外，库管不只给你拿钥匙，还帮你干活，如库位管理、临期管理、破损管理、堆垛管理，一年能给你节省多少钱？公司花两万多元请一个库管，他稍微给你整理一下库房，价值都不只两万元。"

后来，我到他的仓库里看过，这一堆是一种产品，那一堆是另一种产品，这件货包装破了，那件货还剩两个月过期。他说："我天天安排让他们装走，他们就不装。"我说："你说装走不管用，要由库管来管，让司机装走。"

有时我们为了节省那一点显性成本，而忽略很多隐性成本和隐性危险的存在。

很多老板都是市场高手，且自己创业，一步一步打下来的。从艰难创业到做大做强，有时候不得不承认，我们有点力不从心，没有了那份热情和激情。你再去推销、介绍产品，自己都觉得烦了，能力发挥到了极限，这时就需要再成长，需要通过队伍去完成更多的工作。

四、为什么货难卖

货难卖是因为我们的下线客户没有忠诚度，没有成长能力，你在你的商圈和下线客户中没有太多的威信。比如一提到老张就说“老张在县里做几十年生意了，还是老样子”，一问老李就说“老李早就改行不干了”。我们快速成长，做出规模的目的是什么？不仅是为了多赚钱，还是为了持续地赚钱，具有持续的竞争力。如果你在商圈和渠道中没有影响力，即使接到好产品也卖不好。

打铁还需自身硬，我们要想控制下线客户、保持稳定，没有规模是不行的？为什么我们的下线客户没有忠诚度？因为他离开你也能挣钱，你不是他的主要利润来源。另外，对下线客户的控制，利润是核心，客情是辅助手段。你不能给他带来利润，再好的服务也不行，因为他要的不是服务，要的是生意。

我曾参加过一个经销商的培训会。晚上一起吃饭时，这个经销商说：“杨老师，明天九点钟开会。”我问：“九点钟开会，你们这里的分销商离县城那么远，能赶过来吗？”他说：“能，我经常组织这样的会。”我就将信将疑地回房间了。

第二天早上，我大概8点半到了会议室，一看人都到得差不多了。快进场开始的时候进来三个人，这个经销商指着他们三个说：“回去吧，还来干吗，跟你们说了几点开会？”他们说：“9点。”经销商说：“这都几点了？”“9点了。”经销商说：“都9点了，回去吧。”他们只好走了。

后来，中场休息时我就问他：“我还是第一次碰上这种情况，你把下线管得这么好，有什么绝招吗？”他说：“我一直像管员工一样管他们，我是大户，这就是绝招。假如我的一个下线客户一年卖500万元，那么他有近400万元的货是我的货。也就是说，他一年盈利70%依靠的是我的产品，所以我让他干什么他就得干什么，他不干，我就停止供货。”我问他：“你的规模是一点点变大的吗？”他说：“我开始的时候就这样抓，每增加一个品牌，就不停地布点。我没有太多的业务员，就把分销商当业务员，两三个月叫他们开会、培训，我下去转转就行了。下线客户为什么要听我的指挥？因为卖我的产品赚钱，所以我就能管住他们。你请他吃饭，周到接待都没有用，那不是根本措施。”

五、规模竞争是关键

前面四个问题看起来都是表面问题，不是根本问题。就像我们发烧一样，发烧是一种表面现象，根本原因是身体出了问题。但我们不能说发烧就是因为感冒，感冒本身还分很多类型。

这四个问题的根源到底是什么呢？**都是经销商发展速度过慢，没有形成规模连锁反应。**

有一个经销商朋友算了一笔账：“刚做生意时，手里没有好的品牌，都是一些三四线品牌，甚至是一些更弱小的品牌。刚起步时就是夫妻店，一辆车、一个大仓库、一个司机，两辆小三轮车来回补货送货。一年的销售额也不多，大概七八百万元，什么产品都有，如小饮料、休闲食品、方便面、挂面，没有成型的产品。我自己算了算，东拼西凑的这几年，大概累计投入了七八十万元，但是一年辛辛苦苦，也挣不了多少钱。干了三年，第一年没有见到回头钱，第二年挣了二三十万元。五个人、一辆车，扣去仓库和费用，还不如去打工呢。”

大家知道，无论是做批发还是流通、市场，都会受到很多挤压。除了来自电商的挤压之外，还有来自大卖场和其他商业形态的挤压。未来几年，商务部会继续启动万村千乡工程，引导市场。例如，现在随着乡村大卖场的崛起，它一定会把乡镇级的批发个体户吞并。县城的个体烟酒店、个体户会越来越少，只剩专卖店和大型商超。

当乡镇大卖场崛起的时候，也就意味着乡镇市场流动网络开始萎缩。如果再靠几个单一品牌，你连与卖场谈判的资格都没有。只有当你的规模变大，能配送 5 个核心产品的时候，卖场就不可能不与你合作了。

大家想一想，随着渠道多元化、碎片化，渠道商只有具有规模才能生存。未来三到五年的批发领域是以规模为导向的。

不只是经销商，生产企业也一样，都无法逃脱产业与市场的产业集中度越来越高的基本规律。

以方便面行业为例，中国方便面的鼎盛时期是 2000 年，那时全国有 1600 多家方便面企业，现在全国加起来不到 150 家。从 1600 家到 150 家，淘汰了 90%，剩下 10%。在这 10% 里，前四名的份额占整个行业的 80% 以上，康师傅一家占整个行业的 52%。大家想想，剩下的 140 家能分多大的市场？

中国啤酒行业企业最多的时候是 2000 年，全国有啤酒企业大约 2300 家，各个地市都有啤酒厂家，而现在全国啤酒企业不到 100 家。从 2000 家到 100 家，淘汰 95%，还剩 5%，雪花啤酒、燕京啤酒、哈尔滨啤酒和青岛啤酒占全行业销售的 70% 以上。

同样的道理，每个行业最后都会走到整合期。**未来三五年内，批发商的核心竞争力是规模，没有规模化战略的经销商要么转型，要么转行。**

六、快速成长靠什么

对于未来，我们只有不断快速成长，才能够在商海里站稳，因为未来的竞争说到底是规模的竞争。

快速成长靠什么？为什么有些人做生意的时间很短，却能迅速超过做了十几年生意的经销商？我们必须找到制约自身成长的原因。

从 2012 年开始，在市场运作转型的大背景下，我们跟踪了 300 位经销商，对他们的经营时间、规模、最好销售额、每年增长率等方面进行了专门研究，发现了一个规律：凡是成长速度比较快的经销商，背后都有好产品支持。相反，有些经销商总是无法增长，好的时候一年有两千多万元的销售额，差的时候却只有几百万元。碰到一个好产品，规模就上去了，这一年的状况会特别好，等这个产品退市，发现自己又回到两年前，再接一个产品做不好，就会陷入困境。

我们同时也研究了销售同样产品的经销商，为什么在这个地方的经销商规模得到快速增长，而另一个地方则没有？我们发现，成长速度比较快的经销商在渠道、网络上和成长慢的经销商有明显的区别。比如，发展速度快的经销商控制了两头的网络，既有大的分销商，又有小的终端，渠道特别好。而发展速度比较慢的经销商只有大的分销渠道时，市场不稳定；只有小的终端时，起量速度特别慢。我们应该明白，没有大户领着卖，不容易起量；没有小户跟着卖，基础不稳定。

因此，在现有市场背景下，经销商要快速成长必须有两把刷子：第一把刷子是有源源不断的好产品；第二把刷子是精耕和掌控渠道的能力。有好产品，没有好的渠道体系支撑，产品就卖不好。有好的渠道体系支撑，没有源源不断的好产品，也很难成长。如果你不具备这两种核心能力，想快速成长的难度就非常大。

本书第二部分和第三部分分别对这两把刷子进行了系统细致的剖析。

第三章

经销商如何做好内部管理

一、管理中存在的普遍问题

作为经销商，作为商业家，到底应该具备什么样的管理水平呢？接下来我们谈经销商管理的一些基本常识问题。教一些基本的方法，避免犯常识性的错误。

（一）随意管理

随意管理主要表现在口头管理和多头管理，这是经销商管理存在的最大问题。老板今天说这，明天说那，就没有管理威望。

我见过一个老板，生意做得挺大的。有一次她给我打电话，说自己特别伤心。我问怎么了，她说团队特别难管理。因为在她的员工队伍里大概分为三拨人，第一拨是娘家人，第二拨是婆家人，第三拨是社会人。

她说，一次她老公的堂弟和几个侄子下班晚了，她觉得天热，就让食堂熬了一大锅绿豆汤解暑。

她们公司的规矩是，饭点回来的就在内部食堂吃饭，错过了有补助，一个人补助 20 元，5 个人补助 100 元。

看见婆家人回来，她很热情地招呼说："大哥，你们过来，厨房有半锅绿豆汤，过来喝吧。"

结果她把人得罪了。为什么？她老公堂哥找到她老公就说："你那媳妇，要是我，早跟她离了，知道为什么吗？我们回来这么晚了，她让我们喝半锅绿豆汤就让我们走了，就为了省 20 元吗？我们稀罕你那 20 元吗？"第二天他们不干了，走了，就因为半锅绿豆汤。她说："我又没有说不给他 20 元让他吃饭，我只说天这么热，先喝绿豆汤解解暑不好吗?”

我说，你们俩个都不对，不要搞口头管理，更不要多口管理。多口管理和口头管理带来的问题就是没有评价标准。

（二）轻视管理

轻视管理是认为公司不需要管理，还没有发展到要管理的地步。认为管理是大公司的事，跟自己没有太多的关系。

“一人为私，两人为公，三人就是一个组织”，必须有这种观念。有人说我们都约定了，你约定的能做到吗？所以大和小，不是管理和不管理的问题，是管理的多和少的问题，不存在小就不管的问题，小也一样要管。

（三）盲目管理

不知道该管什么，看见什么就管什么，看不见就不管，这就是“叨叨管理法”。

比如规定了在仓库不准抽烟，谁抽烟直接罚500元，结果有人在仓库抽了，制度在那儿挂着，却没受罚。

所以，我认为不能执行的制度不如不定，要定了就一定要执行。管理就是解决好秩序问题。

（四）软硬管理不匹配

什么叫软管理？就是沟通、文化、教育。什么叫硬管理？就是制度。如果一个公司只有硬制度，没有教育和沟通，就是暴政。没有软管理的管理叫暴政，没有硬管理的管理不是管理。有布置无追踪，有检查无考核，管理停在口头上，落实不到行动上，就成为管理的硬伤。

二、如何管人

（一）管人六字诀

从管人的角度讲，管理就是要理解六个字：**“说到”**、**“让人”**、**“做到”**，一个管理者做到这六个字就行了。管人的时候，你只要把这六个字弄明白，就可以打造出一支拥有激情、团结、和谐和富有创造力的团队。

有一次，我回老家待客举办宴会，因为前天晚上熬夜，第二天早上起的有点晚，于是安排司机去附近的早点铺买油条。我递给司机100元，要他赶快去。结果我等20分钟他不回来，半个小时不回来，40分钟还没有回来，都快一个小时了，回来了。我正着急上火的时候，看见他满头大汗拎着两个大食品袋子回来了，到跟前一看，我一下子就懵了，为什么？因为他拎着满满两大袋油条回来。

我问他：“你买这么多油条干什么？”他说：“你不是让我买油条吗？”我说：“是啊。”他说：“你不给我100元吗？”我说：“对。”他说：“那我就买100元油条嘛。”我说：“你准备撑死我啊？”他说：“不对呀，你家里好多亲戚都在这边，我想着你要买油条给大家吃呢。”我说：“他们都吃过了，就我自己。”

他愣了半天，一边擦汗，一边嘟囔着说：“人家卖油条的还不乐意呢，很多人在排队呢，我还跟卖油条的说了很多好话……”

在回郑州的路上，我就仔细琢磨这事。我对司机说：“是我不对。第一，我给你100元，也没有说让你买多少。第二，我也没有说让你多长时间回来。我作为管理者，没有安排好。”

“说到”、“让人”、“做到”是什么意思呢？“说到”是说明白，当老板说：“小王，明天早上早起一会儿，装车去这个地方。”什么叫早起来？是7点半，不是7点25分，要说明白、说详细。

“让人”是什么意思？就是激励人、鼓励人。比如在工作安排中说：“小李，我明天有事晚点来，你明天早到半个小时，辛苦一下，可别忘了。”

“做到”是什么意思？就是在工作安排中让员工明白具体的事项，怎么去执行。比如你说：“明天小李早来一会儿啊，让你办件事，少睡一会儿。”这就没有把具体的事情安排明白，没有明确的事项，没有办法具体执行。小李可能会想，老板叫我什么时候来？少睡多久算一会儿？早到来干什么？弄得员工满心狐疑。

作为一个管理者，一定要“说到”、“让人”、“做到”。说明白，鼓励他，让他做好，这是就管人。

（二）擅于制订规则

按照“人之初，性本善”的说法，人都是善良的，员工都是好员工。有一个管理者说：“没有有问题的员工，只有有问题的老板。”员工都是合格的，那我们做老板是否合格呢？请想一想我们的管理问题。

根据我们对全国100位经销商的跟踪调研，走过创业期和生存期的经销商存在的大部分问题是受管理问题制约。那么什么叫管理？管理就像打麻将，先设定游戏规则，把规则讲明白。管理的核心是什么？是建立规则，我们只要把规则建好了，大家都会适用的。

（三）用政策调动积极性

管理如何推动员工成长？员工成长了才能推动企业成长，比如薪资待遇的调整就是一种管理，通过政策调动积极性。

我在饭桌上和一个老板聊天，得知他做的品牌很稳定，都是成熟的区域畅销品牌和二线品牌，放了三四年，规模大概每年都在两三千万元左右，但就是不成长。

我觉得，不成长的根本原因是团队管理问题。第一，团队招不进新人。第二，大家习惯了，这么多年很稳定，一年拿十几二十万元，轻轻松松，没有危机感。当经销商告诉团队，今年要定3000万元目标，他们立马制止，给经销商讲一大堆理由，不让他成长。

那么，如何推动成长？其实不是他不能成长，是团队把他吓得不敢成长了。

如何推动成长？我觉得更重要的是管理，也就是重新制订游戏规则。比如，我们以增长为导向制订待遇模式。假设让张经理管这个县的这片区域，去年卖了一千万元，如果今年也只卖一千万元，只能拿到去年工资的80%，甚至70%。但是如果你增加了两百万元，增长的部分，则给他原来待遇的两倍。绩效以增长为导向，如果没有目标做考核，没有增长目标做考核，只能吃老本。员工最后懒了、馋了，越来越懒，越来越馋，越来越觉得你对不起他。因此我们要树立一种正确的导向。

员工的薪酬方式有以下几种：

第一种，只有基本工资，没有硬提成，车、维修都不管，都包给员工。

第二种，基本工资很低，然后加硬提成，费用包给他，给经销商多少个点的费用。

第三种，提成工资的方式。用什么样的提成工资方式才能调动员工积极性？一是提成工资有没有和销售目标挂钩，有没有和结构效益挂钩；二是提成工资和回款相结合，根据员工一个月收回多少钱提成，因为我觉得算每个品种销量和算员工卖了多少货太麻烦，不如按员工在销售过程中收回来的货款比率计算。比如给员工回收货款的0.5%、1%、2%，按这样的提成方式进行员工激励。

我觉得在目前普遍使用的薪资政策里，第一，没有和目标增长率考核挂钩，第二，没有和结构挂钩。比如卖赚钱的产品提成多，卖不赚钱的产品提成少，这个容易做到。

（四）做员工的典范

尽管不是大型公司，但老板还是应该具有个人能力和典范。什么意思呢？我们要在员工面前做个典范，做个成功人士的典范，这是我们应该去想的，也是经销商必须具备的。我们有钱，关着门吃肉，捂着嘴笑，不行吗？现在不都流行低调吗？你天天给员工炫耀，说："我买了80万元的车，我买了房子。"你的员工心里是怎么想的？你要低调一点，要保持艰苦奋斗、勤俭节约的作风，不能因为炫富而造成员工的仇富心理。

作为老板，我们到底在自己的团队中担当什么角色，是教练，我们专业吗？是裁判，我们的管理完善吗？是家长，我们关心过员工吗？

三、如何管事

（一）要有一套管理体系

管事就是要管出一个有效的管理体系，我希望大家能认真思考这句话。**对于任何一个组织而言，经营的灵活是一种艺术，管理的灵活是一场灾难。**今天是一套办法，明天又变成另外一套办法，最终造成无章可依、工作混乱，势必为公司的发展带来灾难。

我们要如何做好自己的管理体系？完善的管理体系是我们得以持续有效发展的保障，是日常工作得以顺利开展的原则。在原则范围内，老板不能随意对员工说"下不为例"，更不能对自己说"下不为例"。古语说得好："没有规矩不成方圆。"管理体系的建立、制度的形成，是需要大家共同建设遵守的，也是团队得以成长的基石。

每个员工每天的工作流程，不但要把它管好，而且该管的要管够，因为管理就是四件事：计划、组织、分工与协调。

计划，就是我们干什么，计划年度目标、季度目标、月度目标、考核目标，计划人力调配、物力配置、财力调配等资源，通过计划，合理地分配目标，有效地利用人力、物力、财力等资源。有计划的成功是必然的，没有计划的成功是撞大运。

不管你的员工有多少，都要有建立一套完善组织体系的思想。给自己员工明确分工，要让他知道自己该干什么，要让他知道自己在这个组织中所处的位置，不能眉毛胡子一把抓。

老板需要干的另外一件重要的事就是协调。协调员工之间的关系、协调员工与客户的关系、协调资源的调配方向等。总而言之，只有协调好员工之间、员工与客户之间的关系、资源配置等方面的事情，才能构建一个和谐、团结的工作团队，才能有效地完成既定的发展目标，才能做到有效管理。

（二）和员工一起学习

作为管理者，要将自己的思想转化成员工的行动，并能结合实际情况有效地完成工作，这样才是一个有思想的老板。

比如看完这本书，我们该怎么办呢?

要给员工开培训会，讲一讲学习心得，吸收了哪些有用的东西，哪些工作需要改进，哪些要在工作中继续发扬等，要将这些传递给员工，让他们也有所认识和提高。其实你讲的过程就是你深刻理解的过程，你在自己理解的同时，也提高了别人。

有人说，我们就三个业务员，坐着开会多没劲。培训会不在于人多少，关键是学习态度和习惯，我们要通过培训会，让自己和员工养成一种良好的学习习惯。

所以，不要觉得人少，会不好开，关键要养成习惯。我们不一定非要开培训会学习，比如在日常的工作中可以学习、在生活当中可以学、在行动形式化中可以学。学习不一定非要在课堂上，学习有很多方式，带着员工到别人的公司参观，算不算学习？总结一天所做的工作，评比一下谁做得好，谁做的差，总结原因，这样的经验总结算不算学习？假如你参加了某一培训学习，回去后，给他们讲一讲学习感触，算不算学习？

学习不一定是看书，看书学习叫爬楼梯，跟人学习、听人讲课是坐电梯，在经营的过程当中，认真总结学习是坐飞机。我没有做过经销商，只是在这里给大家传递一种思想、一种观念。

（三）谨慎使用弱权

什么叫弱权？就是组织赋予的权利，也是最不管用的权利，也叫合法权。你是老板，谁不听话就开除谁，你是总经理，下属不听话可以开除，这就是弱权，也是最不管用的权利。

其实，在有些经销商的心里，弱权是最有效的管理办法。比如定制度、扣工资、降职，但这是最弱的管理权，所以，大家要谨慎使用弱权，尤其在现代社会里。

我刚毕业那年是1996年，国家实行双向选择，国家分配和自助择业相结合。我毕业那年没有国家分配，都是自主择业。我在城建局上了半年班，直接下海当业务员。那个时候好管理吗？不好管理。我打算调动，死活都走不了，现在问题不大了，想往哪儿走就往哪儿走，很自由。

我记得第一次下海，战战兢兢，怕老板扣我钱，只能好好干活。我拼命干活，因为有压力，但现在不是了，为了生存去干活的人不多，现在多数人完全是为了快乐与享受去干活，所以扣工资是最没力度的，发奖金也很没力度。你以为多给他200元，他就会感激涕零吗？不会。你还不如拿200元请他吃一顿，开心一下。尤其是以年轻队伍为主的团队，公司经常为他们举办Party，把员工请到一起，为什么？这样更容易拉近团队之间的距离，更容易营造团队之间和谐的氛围，更容易调动员工的工作积极性，让员工保持工作的激情。

（四）不当甩手掌柜

古希腊哲学家苏格拉底说过："人总是愿意服从那些他们认为最有能耐的人。"所以，当人生病的时候，他们最容易服从医生，最愿意遵从医嘱，因为医生有很强的专家权威。在员工管理的过程中，我们要善于利用自身的专家权。比如这笔生意你是通过怎样的努力和付出才有今天的成就，在工作方法上有什么特殊的要领，在知识广度上有什么是员工所不能及的，要在工作的过程中不断强化自己的专业实干能力……从而树立自己在员工面前的权威，散发个人魅力。

然而，我们为什么有些时候成长不了呢？经过一个阶段的发展，过了生存期之后，有了一定的资金积累，生存不是问题了。于是有些经销商的思想发生了变化，没有过去的实干精神了，开始当甩手掌柜，不下市场，也不跟下线客户见面，整天就听汇报。殊不知，做"甩手掌柜"是我们经营发展中最危险的惰性思维。

当一个老板下不了市场、不了解一线信息的时候，就会对整体经营决策判断失误，从而制约公司的整体发展。

我本人从事营销工作20年了，无论是做一线销售，还是成为销售管理人员，以及2005年转行做咨询策划，每年在市场的时间都不会低于50天，甚至跑到终端去感受市场，这样才能接地气。

因为我认为，无论你是做销售、做管理，还是做策划，都必须专注于某一件事情。大家都一样，为什么我就能做策划呢？因为我专注于这件事情，天天都在思考这件事情，我所做的每一件事都服务于这件事情。老板也一样，你有没有去专注地做好某一件事情，为做这件事付出了什么，需要我们认真思考。有人说，我现在不想去跑市场，员工每天都会向我汇报工作。殊不知，汇报基本都是报忧不报喜，你只要听汇报，都是困难、问题，都是竞争对手的促销力度大、价格低、服务好，而我们什么都不是。所以，你只听汇报肯定不行。你见过员工有这样说的吗？老板，我们的货很好卖，价格便宜，促销力度又大。业务员经常挂在嘴边的话是什么？老板，竞争激烈，老张又加了两个点做促销，我们实在受不了了，你再给我加两个点吧。

（五）经销商必备的基本管理体系

在当前的经销商队伍中，批发商，特别是末级批发商占有较大的比例，其普遍存在营销意识差、管理松散、体系不健全的现象，个体经营比重较大。真正具有健全管理体系、专业营销队伍的经销商其实并不多见。那么，在市场变革中如何建立经销商自己的管理体系呢？

1. 基本制度体系

（1）人员管理制度。

（2）薪酬管理制度。

（3）仓储物流管理制度。

（4）促销与费用管理制度。

（5）新产品推广制度。

（6）售后及产品调退换制度。

（7）财务及货款回收制度。

（8）市场维护及客户投诉管理制度。

2. 运营制度

（1）销售报表制度。

（2）重点市场阶段分析制度。

（3）重点分销商客情管理制度。

延伸阅读

起步期的经销商：从成功运作一个品牌开始

3年前，做销售的同行小刘难以忍受长期奔波又食不果腹的销售行业，看着自己服务的经销商日进斗金、财源滚滚，就抱着置身商海一搏的信念，转身成为一个经销商。

由于自己没有什么积蓄，他靠着东拼西凑的一点钱就开张营业了。为了自己的信念和生活，凭着几年来跟随经销商风里来雨里去的经验，他也多少学了一点为商之道，对未来充满了无限期望。

结束了为别人打工的日子，小刘开始给自己打工。尽管他兢兢业业，但经营并不像想象的那样。这种结果他怎么也不能接受，于是他开始苦苦寻找问题的原因。

经过认真地反思，小刘发现，一是自己的资金少，但还多种经营，就像杂货铺，没有影响力；二是缺少网络资源又没有社会关系，由于自己是业界新手，加上自己经营的产品没有站住脚，不能接用和控制网络资源，出去送货四处碰壁；三是有竞争力的品牌均已“名花有主”，自己暂时找不到也不可能找到有竞争力的品牌，没有找到市场的切入口，仍然跟同业的“前辈们”硬拼；四是停留在“做生意”的观念上，没有树立经营意识，仍然追求简单的买卖行为，在业界留下不好的印象。

找到了自身存在的问题，小刘调整了自己的经营方向。他坚信：只有做成功一个品牌，自己才有出路。他开始走访市场，为了避开二批商这块难啃的“硬骨头”和同行的强势品牌竞争，他采取了“小切口，大刀面”的终端运作策略，开始将自己经营的产品跨过二批商直达终端零售商。由于策略正确、服务真诚，他很快在终端零售网络中建立了自己的独特优势。

又经过一年的努力，小刘经营的小厂销量迅速提升，并成了自己所在市场的地方品牌。自己的影响力和声誉也随着这个地方品牌而提高。

接下来的日子更好过了，小刘不仅通过这个成功的品牌捞到了“第一桶金”，完成了原始资本积累，而且还建立了自己的市场网络体系，也拥有了一个“聚宝盆”。

小刘的经历验证了一句俗话，即“三年学得出秀才，十年学不会做生意”。这是对起步期经销商智慧和能力的最直接的评价，也是最真实的评价。因为商战如潮，即使历经风雨，能傲立潮头的商界精英毕竟是少数。

经销商从踏进商海大潮开始，就把自己置身于火山口上，因为从普通人到一个成功的经销商，必然会经历一场磨难。

大部分经销商走进商海是被逼出来的，他们在开张营业时一穷二白，甚至是白手起家。抱着给自己找一碗饭吃、找一条“活路”简单想法的他们，面临着很多的困境。

资金匮乏。没有雄厚的资金做支撑，他们从东拼西借开始，一点一滴地积累。大多经销商的原始资本就是自己的力气和勤奋，他们受了常人没有受过的苦，碰过常人没有碰到的难。

社会资源少，渠道关系差。他们在起步之时门可罗雀，没有什么关系；初涉商海，举目无友。他们凭着真心和热情去打动身边的每一个人。

没有优势品牌，从小厂开始。经销商起步经营的产品基本上没有优势，甚至是一些“缺胳膊少腿”的产品。这些无优势的产品本来就无立足之地，何况是让一个处在起步期的经销商操盘，如果没有创新的经营思维，这种品牌的经营局面可想而知。

没有经营意识，被人贬为“小商小贩”，整天灰头土脸。起步期的经销商大多以生意人自居，既然是生意人自然就是以追求利润为核心，或许会干一些见利忘义的“勾当”。

没有长远的目标。起步期的经销商大多是数着手指过日子，没有一个长远的规划，甚至是坐顺风船，飘到哪里就算哪里。事实上，缺少目标与追求是经销商经营原地踏步的根源之一。

现实中，起步期的经销商所面临的问题远不止于此。他们年复一年，日复一日地苦苦拼搏，到最后仍然是惨淡经营，他们也苦苦追寻，究竟原因何在?

起步期的经销商，要想解决上述问题并获得较快的发展，就必须成功地运作一个品牌。因为大量的事实告诉我们，经销商起步期的成功就是从成功运作一个品牌开始的。

成功运作一个品牌标志着起步期经销商的观念的转变，即从生意观转变为经营观。做生意赚钱可以通过对商品的简单买卖来完成，但成功地运作品牌必须有市场经营意识，因为市场的网络、消费群体建立绝不是简单的买卖行为就能完成的。只有具备了经营观念，才能让自己在市场竞争中立于不败之地，进而实现可持续性经营。

成功运作一个品牌为起步期的经销商创造了渠道资源，而渠道资源是经销商的“聚宝盆”。农民种地讲的是“多种一粒籽就多出一棵苗，就会多收几根穗”。经销商做市场犹如农民种地，多一个网点就多“一棵苗”，相应地也会多收“几根穗”。事实上，经销商的经营就是产品对市场渠道的“经营”，渠道是现代经销商的经营灵魂。

成功运作一个品牌让起步期的经销商成为成功的经销商。事实上，经销商的成功就是从一个品牌的成功持续走向多个品牌的成功。仔细观察不难发现，任何一个经销商起步期的成功都是依托某一个品牌的成功。起步期的经销商只要不能在自己的地盘上成功运作一个品牌，就永远不会有立足之地，更无法谈及破解起步期的发展瓶颈。

成功运作一个品牌会让起步期的经销商“挖到第一桶金”，而第一桶金是起步期经销商的成功基石。在实践中，很难发现经销商是通过杂货铺式的经营完成资金积累的，因为卖杂货只能给自己赚个“零花钱”。

成功运作一个品牌表现了经销商起步期的目标能力。通过一个品牌的成功运作，对起步期经销商直接产生两大结果：一是信心和成就感；二是对市场产出追求的“胃口”大增，甚至开始对目标出现“饥饿感”。因为成功运作一个品牌会让我们发现前所未有的市场资源和机会。相对而言，起步期的经销商成功，不是有着绝对的雄厚资本和品牌优势，而是成功运作一个品牌的经历。

第四章

提升经营能力，实现快速成长

一、经营中存在的普遍问题

当前经销商普遍存在经营转型的问题。传统批发商习惯了“兔子鹰”式的经营思维，不愿承受压力和风险，而缺少“孩子狼”一样的经营观念，即“舍不得孩子套不住狼”，敢于承受压力和面对风险。

（一）观念保守，拒绝改变

由于大部分批发商或者商贸公司都是从最基层市场做起，都是白手起家，原始资金积累到一定程度之后，就形成了固定的思维模式。

首先，对市场的认识固化，容易忽视市场的发展和变化，最容易忽视的是消费者的购买力，总认为消费者购买能力不强。

有这样一个关于猴子模仿人的故事。从前，有一个卖草帽的人在赶路，结果走到山上的时候感觉特别累，他就把草帽放在地上，在山上睡了一会儿，结果等他醒来的时候发现草帽全都不见了，就四处寻找。这时，他看见树上的猴子都戴着草帽，他很着急，怎么办呢？忽然他想出了一个办法，他把自己戴的草帽摘下来放在地上，等一段时间再戴在头上，一会摘了又放在地上，这样反复做了几次。不一会儿，那些小猴子也跟着学，把草帽摘下来，后来他摘了之后又拿起来扔圈，而那些小猴子也跟着学。最后他就把帽子全部捡回来了，没有造成损失。过了一段时间，这个卖草帽的人又走到这儿，然后又在这儿睡觉，结果草帽又被小猴子拿走了，拿走以后怎么办呢？他也继续学上次那样，结果那个猴子吸取了上次的教训，这次不扔了。

虽然只是一个简单的故事，但我们能从中悟出一些道理。**就是要时**

刻紧跟时代的变化，转变我们的经营思路，才不会被市场淘汰。为什么要大家学习，为要出去走一走、看一看，就是要你转变一下思想，接受一些新的经营思路、新的经营理念、新的营销思维，不然就会局限在过去传统的经营理念中，无法适应新的市场变化。

我在一个会议上给我的经销商朋友说："如果说三年前你这么做，今天你还是这么做，你觉得是落后了还是进步了？"如果在你的眼里，三年前的市场和今天的市场没有变化，说明你对市场的认识是肤浅的，没有跟上时代的发展，将会被淘汰出局。有句话说得很对，**重复过去就等于背叛未来。**

其次，当一种新的品类出现的时候，我们的经销商很难识别产品的竞争力。我们习惯于用价格判断产品的竞争力，习惯性地认为价格就是唯一的竞争力，其实不然。在现代市场环境下，品类才是竞争力，没有品类的产品很难成为消费者关注的焦点。

最后，经销商往往忽视全球一体化的市场与信息环境，停留在信息不对称的市场观念里，心里总是认为自己最懂市场、最了解消费者。

事实并非如此，我们应该明白，在全球一体化的互联网环境下，消费者能获取的信息量非常大，加上移动终端的普及，现在的市场环境高度透明，随着有线电视、互联网宽带在全国城乡的普及，信息不对称的营销环境已经不复存在。我们的经销商不能再重蹈"刻舟求剑"的覆辙。

（二）产品为主，忽视渠道

随着市场环境的变化，加上渠道的变革，商超、便超的崛起，天猫、淘宝、1号店等电商的崛起，致使很多经销商非常迷茫，一方面担心批发商会从中国的商业领域内退出，另一方面又担心电商崛起，把自己从批发商转型为终端卖场的后路堵死了，导致自己逐步被淘汰。

在需求旺盛的市场环境里，供求关系是供不应求，市场表现出强劲的发展潜力，我们的生意非常好做，这个时候，我们的经销商可以是产品思维，只要拿到产品，就一定能卖出去。中国经过 30 多年的发展，经济总量得到较大的提高，消费者已经从生存型需求转向了享受型需求，并且整个市场环境也从供不应求变成供大于求，这个时候，市场疲软是常态。

在供大于求的市场环境里，经销商必须从产品经营导向转为渠道经营导向，没有渠道经营意识就意味着没有市场能力，就会被淘汰。

二、改变经营思路

（一）实行股份制的例子

当经营规模达到一定程度的时候，老板就不再亲力亲为了。我在春节前帮一位经销商朋友处理了一个问题：跟他做了十多年的业务经理要离职。离职的原因很简单，业务经理说："我都跟你做了十几年了，都四十岁了，我的人生还有最后一把火，我要自己创业。"

经销商听了很吃惊，一头雾水。我让这个经销商采取了一个办法，他对需离职的业务经理说："你不是要创业吗？可以，创业是不是自己要独立做，是不是要买车？咱们一起共事创业也有十几年了，我很感激你，我支持你。这些年，我们公司在市场上也积累了很多经验，也有一定的影响力。你要自己选择产品，以我们公司的名义来选择，我给你提供车、仓库。假如新接一个厂家的投入需要 50 万元，我给你出 20 万元，你拿 30 万元。我什么事都不问，到时你给我分红就行，这样你能减少很多压力。"

后来这位经销商听从我的建议，他们认真谈了一次，结果他们同意合作，后来接了两个厂家的产品，做得也非常好。

十几年的朋友如果成了对手，并不是大家想要的最终结果。最好的处理办法是什么？来，我入你一股，你还在这个平台上做。他做的产品，尽管他把利润的大头拿走了，但是你在市场的形象又好了。你的业务经理走了之后，如果闹得不愉快，就会两败俱伤。为避免两败俱伤，假如手下的能人创业，你就要入股。

（二）构建渠道联合

要有共赢的心态。市场活动的顺利开展，表现为一个营销价值链的有效传递。从企业、经销商、分销商、终端商、顾客等，都各自在这个营销价值链充当不同的角色，共赢就是有钱大家赚。顾客是价值链中的利益贡献者，那么我们获取利润也要人性化。经销商是产品的组织者，上游资源的控制者是企业，下游渠道分销商、终端商是把产品推向顾客的输出者，把价值链中的个体有机的组合在一起就是渠道战略联合体。这个渠道战略联合体怎么操作？比如经销商想要运作某个品牌，由企业负责承办一场产品发布会，整合企业产品资源。由经销商整合渠道资源，如分销商、终端商等，视分销商、终端商为同等级的战略联盟体，共同分享既得利益。

渠道战略联合体的运作，首先要做到真诚对待、利益共享。经销商整合渠道核心成员牵手企业，共同运作品牌。这样能够抱团取暖、抵抗风险，通过渠道联合迅速整合资源、快速提升品牌的市场占有提率、提高品牌成功运作的概率。

随着市场环境的不断变化，竞争也日益加剧。不仅是同市场客户之间的竞争，各个企业也在下沉渠道重心，争抢渠道商。企业争抢的渠道商势必会成为市场的竞争对手。所以，我们可以通过渠道战略联合，成为合作伙伴、成为相互的支持者、成为利益共同体，共同成长，共同发展。

（三）加快资金周转

做生意，大家最关心的问题是钱，有多少钱做多少生意，有多少钱才满足生意对资金的需求呢？

比如有人一年投入两百万元的资金，可以做到两千万元的营业额，但有人投了四百万元，一年才做到两千万元，这是什么原因导致的？是资金效率和周转率太低。接品牌的时候要考虑自己的资金周转与规划问题，那么哪类牌子能接？我觉得不赚钱但有量的产品也可以，虽然利润低，但是量大，渠道稳定程度高。

1. 您的资金周转率是多少

追求利润外，人们还想追求效益，这两种模式就存在矛盾。比如有些产品是挣利润的，有些产品是跑量的。跑量产品的目的是稳定网络，为什么有些产品不赚钱也卖？因为只要下线客户有需求，为了增加网络黏性，就得卖，给客户带来价值就是帮自己赚钱。

如何从资金周转的角度，合理规划自己的经营品种，对于绝大多数经销商而言，这是一门学问，更是一种经营能力。

2. 经销商如何做好资金周转与市场融资

记得华龙今麦郎集团的老板范现国先生说过："当今社会，对于经营者而言，有多少钱就干多少事的经营者是文盲；会向银行借款的经营者算是小学毕业；能够实现市场融资的经营者才叫大学生。"

比如有一个好产品，我自己没有资金来接，但只要这个产品好，我就可以拿着样品开上市发布会，预收资金。如果资金预收不回来，说明这个产品还不够好。只要是真正的好产品，就一定可以能够拿着样品收来预付款。

有些卖名牌或者畅销品牌的经销商经常说资金压力大，不赚钱，还经常压货。特别气人的就是经常配发一些卖不动又要赔钱处理的产品。我们专门研究过这些产品的经销商后发现，做得好的经销商并不是单纯的市场做得好，更重要的是经营做得好，因为经营做得好的经销商可以做到零投入运营，进货资金全是靠渠道商和分销商的预付款。

相比那些经营做得不好的经销商借用银行贷款或者民间高息，这些会经营的经销商没有资金成本就会降低经营费用，实现了少花费就是多赚钱。

3. 怎么验证厂家新产品的好与坏

你可以跟厂家说：“我的网络非常好，如果你认为你的产品非常好，我可以把我的下线客户都叫过来，给你开一个品鉴上市定购会。如果你的产品足够好，我把钱收过来，下线客户直接把货拿走就行。如果产品不好，我要费很大力度推，那这就不是好产品。”

如果有了规模，那资金就更不是问题了。例如畅销品，像纯净水这些量比较大的产品都是靠渠道资金，一轮定位收两个月的钱就回来了。即使没有高毛利回报，但我也不需要投入资金，只完成配送，这样其实也多赚了。

三、从“兔子鹰”走向“孩子狼”

过去经销商在接一个产品的时候，要能够明确知道这个产品能否赚钱，最起码认为不会亏钱，才敢接货、运作市场。一旦有些产品看不透，不知道产品的未来发展如何，那就干脆放弃。而很多时候，我们看不透而放弃的产品，结果被别的经销商运作得很成功，白白浪费了一次机遇。用一句通俗的话来解释这种思维模式就是：“不见兔子不撒鹰。”我们暂且把这种传统的思维模式定义为“兔子鹰”经营策略。

随着市场竞争的加剧，市场环境的变化，商品增多，渠道多元化，我们正在面对一个什么样的市场环境呢？这种“兔子鹰”经营策略又会丧失什么呢？

有潜力的产品，厂家的要求比较高。比如企业对首单进货和年度任务的要求，以及企业对渠道资源、人力配置等方面的要求也比较严格。如果碰到一个很难谈得拢，又挑三拣四的品牌就轻易放弃了，即采取

“兔子鹰”经营策略，你可能会丧失一个成功品牌的运作机会。

如果是一个强势的、具有战略导向的企业，它肯定会提出方方面面的要求，也许跟你之前合作的企业有不一样的地方。我希望大家能够认识到，对你提出苛刻要求的企业，反而是具备发展潜力的企业。凡是你说什么都答应的企业，一般都是“随风倒”。比如某某产品价格高了，能不能出一个低价位产品，厂家就给你生产一款低价位产品。某某产品包装好看，能否模仿一下，企业说没有问题，直接就给你模仿了。在这里，我可以明确地告诉你，这样的企业是不会有发展前景的。

“孩子狼”的经营战略是什么？“舍不得孩子套不住狼”就是要求我们具有承受压力和风险的战略思维，敢于挑战风险，敢于承受压力。你是采用“兔子鹰”经营策略，还是采用“孩子狼”经营策略。要根据你在选择什么样的厂家和什么样的品牌合作的时候确定经营策略。

随着经营模式的不断创新，如电商、微商的崛起，有些经销商对未来批发行业的发展很迷茫。但从 2011 年至 2014 年 8 月的数据来看，批发行业只是在短期内受到了淘宝、电商、微商等其他新型营销模式冲击，就长期来看，批发行业不会发生大的问题，因为批发行业有自身的优势，是那些新兴渠道模式不能取代的。

但大家要学会和不同类型的渠道打交道。过去习惯和分销商打交道，现在我们要学会和电商、网商、微商等新兴渠道打交道，最起码要去了解、接触、学习、接受，让这些新兴的营销模式融入自己的体系中，让它们为你所用。

前几天我走访市场，河南省长垣县的一个经销商提到一个问题，自己注册一个公司，是不是就要严格按照公司法办事，从税收、用工、福利等方面做到规范。

无论公司也好，个体也好，规范自己的经营体系，按照国家法律法规办事，是每个经销商最基本的责任。有一个经销商回答得挺好，他说："注册一个法律意义上公司，远不止自己按照公司模式来运营。"但是大家需要明白，随着市场经济的规范，法制体系会越来越健全，我们也不能因小失大。现在几乎人人都有手机，人人都会玩微博、微信，信息满天飞，有好的、坏的、真实的、虚假的，让人真假难辨。一些虚假信息对个人和社会会造成一定的危害。因此，国家下发了关于微信自媒体规范性文件，微信传播必须符合要求，不能随意发布不实信息，没有新闻资质的微信订阅号不能随意发布新闻等。

要知道，随着市场环境的变化，必然会大浪淘沙，适者生存。在食品行业大的变局下，经销商如何异军突起？如何在这场变革中立于不败之地？这需要我们认真思考！

经营思路不清晰，没有一个坚定的经营信念，就会造成自己在经营的过程中反复更换品牌，最终也无法形成自身的品牌及渠道竞争力。

当你发现别人卖饮料赚钱了，你就拼命地想做饮料；当你看见别人卖白酒挣钱了，你就拼命地做白酒；当你看见别人卖啤酒赚钱了，你就拼命地做啤酒，这样反复地更换产品、更换品牌，最终也没有形成自己的品牌竞争力，反而造成渠道对你的质疑，久而久之将丧失渠道诚信度。造成这样的后果，就是因为没有清晰的经营思路，没有专注于某一品牌的经营信念。

随着社会的发展，分工越来越细，要求在某一领域的专注度越来越高。那么在未来流通领域里面会发生什么样的变化呢？品类商、渠道商、品牌商将是未来的三大主流形式。

第一个是品类商，怎么定位品类商呢？比如说我是做酒水的，会把90%甚至100%的精力放在酒水经营上，不断强化在酒水渠道上的优势，不断提升强势品牌酒水的经营代理权。我认识荥阳一个做酒水的经销商，年销售额大概在7000万元左右，一线品牌及名酒经销权基本都掌握在他的手里。在酒水品类经营里，他相对其他经销商就形成了自身的比较竞争优势。

第二个是渠道商，比如渠道是KA卖场或者是餐饮终端，那就要把这个渠道做强、做大、做出品牌来。前几天，一个经销商对我说：“娃哈哈在某个地方直接建立的终端，强化渠道扁平化，逐步舍弃中间商，企业销售人员直面终端，强化企业对渠道终端的掌控能力。”其实不仅是娃哈哈，包括可口可乐、雀巢、康师傅、燕京、青岛等知名企业都在下沉渠道重心，争抢经销商手中的渠道资源，这也是未来的一种趋势。未来如果你还是全面撒网，没有强势的渠道，肯定会被挤压、被淘汰。企业的营销策略怎么调整？他们要慢慢地发展、要精耕细作、要增强渠道终端的掌控能力，他们为什么要这样做？他们是在提升自身品牌在渠道的影响力，换而言之他们是在和经销商争抢渠道的控制力。

企业会慢慢把经销商的渠道归类，导入三方战略联盟协议，通过三方战略联盟协议掌控经销商的分销商、终端商、核心终端店。所以，我们要在某一方面形成自身的比较竞争优势，第一个选择是成为品类商，要在某个品类上做强做大。第二个选择是在核心渠道上突破，比如终端、流通、分销，要在某一类渠道上形成自身突出的优势。

第三个是品牌商，也就是我们说的 OEM 商，逐步发展自主品牌，让厂家成为自己的生产基地。

其实，经销商也不能总认为自己是夹心饼干，两边受气，为什么？因为从经济学的微笑曲线原理讲，核心价值要么是技术与资源，要么是品牌与市场，处于中间位置的生产制造是最被动的。但是作为经销商处在品牌和市场的一端，比较竞争优势还是比较明显的，关键是我们能够构建比较竞争优势，比如在渠道体系方面强大起来，自身又具备洞察消费者潜在需求的能力，成为品牌商，走 OEM 的经营路线也是一个非常好的选择。

事实上，现在全国有名的大商，比如深圳的银基、北京的朝批、浙江商源、石家庄桥西，还包括河南的亿星、喜洋洋、世家酒业等，这些都是典型的 OEM 商。

四、经销商的自我磨砺

《真心英雄》里有这样一句歌词："不经历风雨怎么见彩虹，没有人能随随便便成功。"

关于鹰的故事，大家可能听得多了。鹰是世界上寿命最长的鸟类，它一生的年龄可达70岁。它在40岁时必须做出痛苦却重要的决定。因为这时，它的喙变得又长又弯，几乎碰到胸脯；它的爪子开始老化，无法有效地捕捉猎物；它的羽毛又浓又厚，翅膀变得十分沉重，飞翔十分吃力。

此时的鹰只有两种选择：要么等死，要么经过一个十分痛苦的重生过程——150天漫长的蜕变。它必须很努力地飞到山顶，在悬崖上筑巢，并停留在那里，不得飞翔。鹰首先用它的喙击打岩石，直到其完全脱落，然后静静地等待新的喙长出来。鹰会用新长出的喙把爪子上老化的趾甲一根一根拔掉，鲜血一滴滴洒落。当新的趾甲长出来后，鹰便用新的趾甲把身上的羽毛一根一根拔掉。5个月以后，新的羽毛长出来了，鹰重新开始飞翔，再度过30年的岁月！

经销商何尝不是这样。有些经销商经过一定时期的发展，思想固化、营销思维落后、成长缓慢。我们是不是也要像鹰一样，打造重生的自我。我们是不是能经受住这种重生的痛苦。所以说，做成一件事是非常不容易的，要想真正的快速发展，就要时刻保持创业的激情，始终要有危机感，始终要知道未来是有变化、有压力的，只有拥有冠军思想才能有冠军的市场，只要拥有鹰的重生精神，我们就能突破发展的瓶颈快速成长。

论语里有这样一句话："智者暗于事，思者察于因。"什么意思呢？就是能够取得成功、有智慧的人总是在暗地里努力，总是在不懈的追求，总是在坚持。对于消极的人来说，总是在找各种各样的原因为自己找退路。

台上一分钟，台下十年功。只有你感受到困惑与压力的时候，你才能坚持、才能创新、才能保持创业的激情，只有这样，你才能够快速成长，才能够立足于商海的不败之地。

延伸阅读

经销商公司化经营模式制订

经营模式是一个极端的、“高大上”的专业词汇，用一个接地气的词来解释，就是怎么合法地赚钱。如果不加上“合法”这个定语，那最好的经营模式非“传销”莫属。

我们看到有些人潜心研究经营模式，然后举个牌子站在大公司门口做定向出售；我们知道 B2C 还没有实现普遍盈利的时候，C2B 的经营模式已经到处泛滥了。我们以为，真正的经营模式，就是真正的颠覆。

经营模式就像鞋子一样，穿上就知道合适不合适。无论王健林和马云的“对赌”，还是董明珠与雷军的“悖论”，都是多样化的商业环境中不同经营模式的代表。这正是很多巨头跨界的边线，诸如零售巨头做自有品牌少有屈臣氏这么大，实体工厂做终端店铺难以做到格力这么强，因为经营模式的基因不同，而这些少有的成功案例，也是在产品品类的维度上做了牺牲换来的延伸。

任何一个成功的经营模式，一定是在价值链条上有着明确的角色分工，才能拥有价值最大化，否则，只是一个阶段性产物。这点，我们可以从格力的“区域化销售公司”与娃哈哈联销体得到答案。简单地说，厂家的核心价值在于“营”，重心是产品研发和品牌推广；经销商的核心价值在于“销”，重心是做好仓储、物流和促销等销售方面的工作。现在，特别归纳出中国营销界常见的几种厂商一体化经营模式。

一、组合式销售公司

厂家与经销商共同组建销售公司，是厂商联手打造共赢平台的一种方式。通过这种方式，促使厂家和渠道两个不同利益关系的实体在风险共担和利益共享方面基本重叠在一起，理念和向心力凝聚在一起，真正体现出厂商高度一体化。厂商共建销售公司，因为双方思想统一、目标一致、行为一致，所以更容易实现深度合作，更容易共同提高管理水平、经营水平、盈利能力等，彻底解决如窜货、倒货、乱价等市场运作困惑和难题。

一种是格力模式：厂家让出股份或者参股共同组建销售公司。

格力电器通过让出公司的部分股份，同厂商共建销售公司，使核心经销商成为公司的主人，达到战略合作伙伴关系。经销商也借助格力企业品牌影响力，达到建立了自身的经营模式，从而确立自己在同行业中的比较竞争优势。

在白酒行业中，经销商王延安在2013年与西凤合作成立合资公司，王延安成为第二大股东，也是西凤的最大经销商，主销“陕西西凤六年、十五年陈酿”品牌。王延安借助西凤品牌优势，迅速发展壮大，现拥有100家4S店，年销售额达10亿元，占西凤酒销售总额的19.2%，从而确立了在经销商队伍中的强势地位。

另一种是泸州老窖柒泉模式：厂家不参与股本投入。

经销商和泸州老窖的区域销售人员共同入股，成立片区销售公司，资金由经销商出，董事长由经销商选举产生，但总经理由泸州老窖选派。在这个模式中，涉及两个群体的利益：一是经销商股东。在柒泉营销公司体系下，经销商能够参与公司运营的决策，经销商和片区经理的距离更近，经销商之间的关系和利益分配也形成了一定的制度化。在这种情况下，经销商相互“挖墙脚”的事有所避免，统一部署，协同作战，对推动市场销售有积极的意义。二是泸州老窖的片区经理，在股权的激励下，工作热情自然高涨。这种相互抱团取暖的经营模式可谓一箭双雕，既能在市场上获得更强的竞争优势，又能获得专业团队的指导，从而增强经销商的自身竞争力。

二、联销体模式

联销体营销模式首创于娃哈哈，它的核心思想在于让利的同时对经销商严格控制。

娃哈哈联销体建设主要包括四个部分：

（1）实施保证金制度，经销商必须按年度交纳一定的保证金，进货一次结算一次，娃哈哈则提供更多优惠，如高于银行存款利率的回报，对于完成销售指标的经销商年终返利，完不成任务者自动淘汰。

（2）实施区域销售责任制，使经销商、二批商各得其所，互不侵犯对方的业务范围。严格划分责任销售区域，努力消灭销售盲区，杜绝窜货现象。

（3）理顺销售渠道的价差体系，明晰经销商、二批商和终端零售商的利润空间预期，同时实施利益的有序分配。

（4）建立专业的市场督导队伍和督导制度。宗庆后制订了一套销售业务员工作规范，并建立了一支市场督导巡检队伍和督导巡检制度。

1994 年，深受应收款之害、渠道混乱的娃哈哈开始寻找突围之道。如何让厂商利益的有序分配，让经销商有利可图，让经销商按照公司化标准行事，只有双赢经销商才会尽心尽力成为公司先头部队，这必须先解决好经销商的归属问题。不能仅仅把经销商看作公司的客户，而必须是公司有机组成部分。

1996年始，娃哈哈第一次进行销售网络改造，即从国营批发渠道转到独具娃哈哈特色的联合销售体系上来。娃哈哈在全国31个省市选择了1000多家具有先进理念、较强经济实力，又能控制一方的经销商，通过支付经销商保证金，顺势组成了能够覆盖几乎全国的每一个乡镇的厂商联合销售体系，与公司连成一线，形成了强大的销售网络。

在娃哈哈的联合销售体系模式中我们可以获得以下几点启示：

（1）设计一套合理的联销利益分配机制。利益冲突是联销体是否成功的关键点，如果处理不好，就容易造成纠纷，甚至是市场混乱。

（2）设计一套严密的组织保证体系，因涉及面广，如果没有一套严密的组织制度和体系保障就会是一盘散沙。

（3）注意控制渠道成本。自然分销则是大部分快消品生存的基础，而且这种流动，客观上促进了自然分销，降低了渠道成本。而联销体一方面造成了垄断；另一方面不可避免的增加了流通成本。建立联销体要有一套控制成本的措施和手段。

（4）“双赢”是联销体成功的关键。

（5）“承诺是金”。无论经销商还是企业都要让终端放心和你合作，消费者放心消费你的产品，这就是“诚信”。

三、联营分厂模式

所谓联营分厂模式就是厂家和经销商在经销商所在地创办分厂，转变经销商单一角色定位，变单一经销厂家产品，为销售“我们”的产品，抱团“打天下”，从而风险共担，利益均沾，取得共赢的良好效果。当然，经销商在购买厂家品牌的使用权进行OEM生产也是一种一体化的模式。厂商通过创办联营分厂实行营销一体化，首先要满足以下几点：

（1）产品在当地有一定的成熟度及发展空间。只有通过将产品做成熟，让市场做强、做大，厂商才有机会联合办厂，降低运营成本，不断扩大盈利空间和周边市场的发展空间，来满足品牌未来的发展趋势。

（2）双方共同出资、共同管理。经销商要通过厂商联营分厂的创办，提高经销商公司化运作的意识，完成从一个单纯的经销商到制造商的双重角色的转变。

（3）OEM 商、厂家要与经销商坦诚相待，避免相互过河拆桥，同时也要加强对各级渠道商的严格管控与监督，防止“挂羊头卖狗肉”。

通过组建分厂或就地贴牌生产，可以有力地对厂商双方进行有效“捆绑”，加快对市场的反应速度，提高运作效率，促使市场的灵活运作及完善市场回馈反应机制，让市场高速发展。

桥西糖酒与泸州老窖

桥西糖酒与泸州老窖华北生产基地项目合作，投资建立的集生产、仓储、物流、博览、体验为一体的综合性示范基地，最终目标是建立华北地区最大的白酒灌装基地，桥西糖酒正是泸州老窖集团博大公司最大的品牌运营商。作为河北最大的商贸公司，桥西糖酒通过这样的合作实现了从一般贸易商向构建产业链资源的运营商转型，最终合作效果很可能实现上游释放产能、中游释放规模、下游获取利益的三方共赢，从实现规模的快速成长。

沱　牌

沱牌在河北建立灌装基地时显得无声无息，连河北本地一些行业人士对此也不太清楚。经多方打听得知，石家庄百年商贸有限公司是沱牌包销商，也是沱牌灌装基地的合作伙伴，也是舍得酒石家庄及保定地区的代理商，也是舍得 30 年的华北总代理，且百年商贸还拥有百年沱牌的自主开发产品。

四、协同营销模式

协同营销模式是以厂家为上游供应商与下游的渠道合作商通过各自资源的互补达到推动市场网络快速扩展的目的，协同进行营销传播、品牌建设、终端建设、产品促销等方面的营销活动，达到资源共享和巩固营销网络的目标，实现厂家与渠道经销商紧密合作，多方获益的一种营销理念和方式。它整合了厂家和经销商之间的资源，改变了经销商单打独斗拼市场、拼资源的局面，厂家参与经销商的市场运作，帮助经销商运作市场。

其实，白酒行业厂商合作“1+1”营销模式，是协同营销模式的一种演变，即厂家派驻业务代表入驻经销商，甚至是在经销商的主导市场设立“办事处”，即“厂家办事处+经销商”。如洋河的“1+1”模式是分公司或办事处直接面对市场，进行市场开发、维护，品牌推广，消费者教育等，而经销商主要起配合作用。这个时候，厂家人员不仅是上传下达的“市场大使”，更是帮扶经销商开拓市场和维护市场的“操盘者”。厂商“1+1”模式的实质是将厂家的营销系统对接经销商的网络系统，形成“1+1>2”的系统竞合能力。厂商合作打造系统营销模式拓宽了营销价值链，更有利于区域市场的管控和健康发展。

目前市场出现的厂商“1+1”模式，多采取经销商的公司就是厂家的“办事处”策略。由于多数经销商的营销管理水平都比较低，在人员营销素质、团队管理、流程管理、终端管理、促销管理上都比较差，很多时候难以适应厂家的要求。这个时候厂家业务员参与经销商的日常管理，帮助经销商制订营销方案，而且帮助经销商管理市场，为经销商团队提供专业的培训，帮助经销商重新建立业务流程，同时让经销商参与厂家的市场推广策略的制订。

总的来说，厂商协同模式根本上改变了以往区域代理模式与品牌买断模式，经销商为主导、厂家配合的合作方式，而是厂商联动共同发力运作市场，可以说是渠道模式的一种进步。

五、渠道联营体模式

烟酒店联营体模式是衡水老白干首创的一种流通运作模式，基于市场的二八法则，与核心烟酒店建立战略联盟、提供利润保障和优质服务，以实现对其背后资源的挖掘，进而实现对市场大盘的掌控。当下有好多经销商也在采取这种渠道联营体模式，随着市场竞争的加剧，核心终端店利用手中的资源优势，在各大竞争品牌中争取利益的最大化，但终端客户忠诚度难以建立，运营成本越来越高。为此，有些经销商不断对渠道联营体模式进行升级，主要包括将原有联营体客户进行筛选分类，进行动态管理，严格控制成员数量，并针对终端客户成员在利润上给予充分保障，同时加强客情维护，严格管控，实施淘汰制，通过培训、沟通、集体活动等方式提升终端客户的忠诚度及归属感。

六、品牌顾问团模式

2007年8月24日至26日，国内23家白酒龙头经销商在五粮液集团牵头组织下，低调聚会在四川宜宾研讨中国高端白酒发展趋势，并形成决议成立23家白酒经销商和五粮液品牌运营联盟，组成“五粮液品牌运营商顾问团”，定位为“团结、共赢、合作”。

五粮液品牌运营联盟的成立最大限度地整合了厂商营销资源，重新构建了一个新的营销平台和厂商价值链，使经销商和五粮液从单纯买卖关系转化为深度合作的战略伙伴关系，厂商关系从交易型转化为战略联盟。这种新型厂商是基于战略合作、优势互补、资源共享、品牌共有、长远发展的高度，建立更加紧密的利益共同体，实现厂商深度的资源共享、利益共享，从而实现更加紧密的合作。

七、配送式营销模式

配送式销售体制创于伊利冰激凌，它就是通过精细的三级调控和管理增强渠道掌控力、提升销量、打造品牌知名度。

这种销售模式采用营销网络通路整合方案来优化销售渠道，经销商承担物流配送，实行“一级调控、二级配送、服务终端”的科学分销模式。即以市场为导向，重新定义客户的概念，对渠道进行优化，实行调控配送和服务为一体的科学分销模式。作为厂家通过借助经销商的渠道资源和配送平台，打造跨区域的物流配送体系，将对厂商共赢产生巨大的意义。它可以弥补厂商双方日益缩水的利润空间，相互借力，经销商可以借助厂家品牌的力量，整合渠道资源、优化自身渠道客户、拓展销售网络，更好地参与市场竞争、稳定自身的盈利能力。厂家借助经销商的渠道及配送力量，有效降低企业的运营成本。

八、伙伴式营销模式

伙伴式营销模式就是以经销商为主体，厂家为辅助，共同经营市场。

这种营销模式就是厂家把公司的经营平台前移到市场中，将复杂的事情简单化，将所有如产品推广、促销、售后服务等市场资源前置给经销商，建立起快速反应、迅速决策的市场机制。

厂家作为品牌供应商只需做好两件核心的工作：产品研发与制

造及品牌推广。而经销商则有效肩负起厂家前台的各项职能，比如市场开拓、网点建设、促销方案制订、市场维护等，从而更好地发挥总部、地方两级的积极性，让产业链上的每一个营销环节都成为带动市场发展的“原动力”。在这种模式下，经销商和厂家都保留了自己的独立性，在品牌和产品的纽带下，依靠责任分工的不同，各自拥有较为全面的自主性和操作空间。

这种营销模式改变了传统的以厂家为营销主导的操作习惯，使身处营销一线的渠道经销商成为渠道深化的有效支持和服务平台，经销商能够因地制宜，有效合理地利用资源，并形成市场动态快速反应的有效保障。

这个时候，厂家实际操作职能则逐步弱化，转为指导、管理、监管、检查等功能。所以，对厂家来说，为了使经销商能够配合企业的发展步伐，厂家需要不断提供培训、技术支持、一定的财务支持和有效地信息管理，进一步提升各级前沿经销商的业务能力和服务能力。特别是在经营理念和向心力方面，要把经销商变成企业不可分割的有机部分，把经销商提到公司运营管理组织，才能保证渠道的忠诚和活力，建立起全面的渠道服务体系，实现渠道软性力量的增强。

九、商会联谊模式

商务会所形式构建的厂家与经销商互动平台，在市场开发与秩序维护、价值观一体化方面有所帮助，但这种模式很容易虚拟化，并最终流于形式。不过对于特殊市场来说，这样的厂商组织显然有相当不错的效果。2009 年 12 月 24 日，北京和园景逸大酒店热闹非凡，江苏洋河股份公司北京经销商商会在这里隆重举行成立仪式。洋河从 2007 年之后，在经销商发展方面十分迅猛，特别是 2009 年洋河成功上市之后，在北京市场受到了经销商热捧。正是在这种情况下，洋河在北京市场有意提高准入门槛，加之北京市场太大、经销商太多，从数量型向质量型提升也必须提前动手，所以，此次入会的经销商都是精挑细选，入选的18位经销商出类拔萃。而商会的组建也解决了大市场经销商见面少、交流少、市场默契少的难题。大部分市场的经销商都是面和心不和，市场难管控，所以，商会互动有利于保持厂家政策的共鸣与共振。

洋河北京经销商商会是由经销商自发组织、自愿加入的非营利社团组织。洋河商会着重做好以下四项工作：

（1）把握商会性质，强化服务意识。服务会员单位、维护会员利益是商会成立的根本出发点，要充分利用商会的桥梁作用深化合作、加强交流、信息互动、共同发展，努力营造互信、互利、平等、协作的良好氛围。

（2）着眼商会自身，做好组织建设。

（3）组织商会活动，深化互动交流。每年不定时间、不定地点组织召开经验交流会，探讨发展、总结工作经验、表彰先进。

（4）坚持公平公正，合理发展会员。坚持“不求数量、注重质量、成熟一个发展一个”的原则扩充会员队伍。

纵观那些做强、做大的经销商或快速发展的经销商，无不拥有着厂商一体化的营销模式、顾客一体化的顾客价值观，虽然一体化营销思路各存差异，但都是根据自身特征而制订，打造了自身的比较竞争优势。所以，厂商一体化操作的关键在于自身对营销模式的把握和运用，相信通过上述那些厂商一体化营销模式、理念、方法的系统组合使用，以及具有竞争力的品牌、良好的营销团队，必定能够实现自身的快速发展，打造极具竞争力的差异化优势，稳居行业前列。

第五章

发现特商崛起的力量

一、何谓“特商”

在中国食品经销商发展论坛（河南）的现场，我们迎来了一位身份非常特殊的经销商朋友，他就是河南省南阳市盐业局的一位负责人。作为传统的经销商行业，大多数朋友都在感慨这个行业有多难，但是像南阳市盐业局这样渠道异常发达的系统却义无反顾地加入了经销商这一行业，一石激起千层浪！

细细分析一下，我们发现，这样特殊的经销商群体目前在中国食品行业经常的遇见。传统盐业公司进入非盐业务，依托网络优势开发新的经营板块；邮政系统加快建设终端网点，做零售连锁；石油系统依托加油站、高速公路，非油业务越做越大。对于众多的厂家和经销商来说，渠道体系呈现多元化、专业化和平台化的发展趋势。

（一）盐业公司：非盐业务迎来新高潮

现行政策下，盐业公司仿佛是铁血战士，一旦市场放开，丢掉了“剑”和“盾”的盐业公司，将成为一个普通的市场竞争主体，他们是否对此做好了充足的心理准备？他们将如何迎接新的挑战呢？调研发现，这几年各地盐业公司都在寻觅转型之道，一股发展非盐的改革迎来了新的高潮。盐业体制改革中，部分盐业公司为充分利用现有的经营网络，获取更大的利润，从事与盐业经营有关的销售业务，非盐业务已经被逐渐重视起来。

（二）邮政系统：线上线下同时运作

最近几年，邮政系统也逐渐“不安分”起来，很多邮政网点运用自己的强大配送能力开始了“非邮政产品”的运作，有些邮政系统和月饼厂合作，做起了专业的配送商角色。邮政系统正在建立销售网站——“邮乐”购物网站，在该网站上，很多传统食品行业的产品受到热捧；邮政改革的另一个方向就是着力布局村邮站业务，成为渠道网络下沉的先头兵。

（三）中石化和中石油：开拓新的零售业态

加油站便利店的收入眼下虽在营收棋局中并不显眼，但这条新渠道未来的想象空间十分广阔。作为一种新的零售业态，加油站便利店备受重视，中石化甚至设下非油品业务未来 4 年再增长 400% 的目标。据中石化财报，非油品业务在 2011 年的收入达 82.6 亿元。所谓非油品业务，即加油站油品销售之外的收入：便利店，以及与餐饮或广告商等合作而获得的租金收入等，其中便利店占相当比重。

（四）报纸发行：产品精准对接

报纸发行系统也同样在进行自我改革和创新尝试。不少报社利用自己的发行网络，发展创新型经营，开展多元化营销模式，闯出了一片天地，成为一种新兴的特通渠道。与发行系统便利性和实效性相结合，鲜奶、桶装水、食用油等成为该发行系统对接快消品的首选。

同时，由于特商群体本身具有优越性，使得其销售工作往往过于单一，这就导致众多的特商群体营销经验不足，营销实战团队并不强大。很多产品可能并不适合于特商群体，一方面是这些品类市场竞争过于激烈，对于营销要求较高，如果没有形成规模走量销售来降低总体成本，预期盈利并不理想；另一方面特商群体在开放市场里的市场营销能力并不比竞争对手更突出，短期内实现规模销售效应并不现实。

因此，就未来的发展而言，特商群体要想真正成功，可能还需要摸索相当长的时间，利用自身优势提高渠道产出率是必然的生存之道。

【案例1】盐业公司，下一个领袖经销商

渠道之于经销商的作用，已经被领袖经销商发挥得淋漓尽致。当很多传统经销商纷纷向领袖经销商学习如何快速扩建渠道、掌控终端时，一类特殊的经销商群体出现了，他们就是拥有得天独厚渠道优势的盐业公司。可以说，如果稍加重视，规范地进行营销运作，不断扩大渠道的功能效用后，盐业公司很可能成长为下一个领袖经销商群体。

（一）盐业系统优势分析

盐业公司作为传统的国有商业流通企业，发展非盐商品有着得天独厚的优势。食盐具有生活必需品的属性，让盐业渠道直接面向终端消费者，几十年形成的运营体系也让其具有了通畅、完善的销售渠道、强大的物流配送能力，以及管理严密的层级组织结构。这一切，让其具有了其他流通企业可望而不可及的市场深化度和庞大覆盖率，这也是被众多生产企业看好的主要原因。

寻求转型改革的盐业公司开始依靠渠道优势涉足非盐业务，似乎成为满足市场多方需求的“共赢之举”。早在2008年，就开始有企业尝试与盐业公司合作，并取得了不错的成绩，渝盐、苏盐等盐业公司也通过非盐经济大获其利。与传统的经销商和个体批发商相比，盐业公司有着明显的“非盐”经营的优势。

1. 公司化运作造就完善的管理机制

盐业公司一般都有着覆盖全省、政令统一、运转自如的经营机构和人、财、物、产、供、销“六统一”管理体制。随着国内供销系统和国营商业系统的解体，目前全国绝大部分省份尚没有可与之相提并论的网络经营“正规集团军”。

2. 组织严谨、纪律严明的营销队伍

盐业公司的访销配送队伍覆盖了全省市场，组织纪律性要远远高于

个体经济。同时客户信息掌握全面，经过销售人员多年的辛勤劳动，较准确地掌握了大量零售商和客户的基本资料和信息。

3. 渠道销售网络分布广泛

盐业经营长期以来的定产定销及食盐的“生活必需品”属性，决定了盐业销售渠道必然要覆盖所有区域，遍布每个乡镇。这样以省为单位的庞大且细密的渠道网络是常规食品经销商可望而不可及的，并且在这些网点中，60%左右都是县乡级市场，避开了一级城市的品牌混战。另外，盐业销售公司在硬件实力上有不可比拟的优势，资金实力、政策倾斜，团队建设等。以团队为例，盐业体系的人员编制受限不大，各省盐业公司都是2000人左右，这样的人员成本也是普通经销商负担不起的。也正是因为有庞大的团队，才能服务层级繁多的市场网点，这些突出优势使得该渠道成为成长中品牌的理想渠道。

4. 较强的筹资优势和较好的政府资源优势

盐业公司是国有独资公司，国家是企业唯一的出资人，这为发展非盐经济提供了很好的信誉平台。发展非盐经济同样需要强大的经济实力做保障，盐业公司一般通过多年的积累和壮大，基础建设完善，资金充裕，有很好的外部信誉，筹资能力较强。与此同时，盐业公司与政府各级部门建立了较好的工作联系，工作沟通容易，为发展非盐经济提供了很好的外部公共关系环境。

（二）盐业系统，渠道运作之惑

盐业系统强大的渠道覆盖能力已经毋庸质疑，于是，很多食品企业将盐业渠道看作是自身发展的绝对助力，甚至于押宝式投入。但是，千万不要忘记，盐业渠道并不是“万金油”，在进行盐业系统渠道运作时，我们也会从他们身上感受到很多的困惑。

1. 渠道构成的先天缺陷

盐业对于现代渠道的掌控能力非常薄弱，主要是在大流通方面，呈自上而下层层细密的转代批发结构，这种结构导致市场层级过多，违背了渠道扁平化的快消品原则，这就使得低价值的快消品毛利率偏低，严重制约了渠道内运作非盐产品的积极性。

2. 市场竞争中，反应过慢

中国盐业多年受专营保护，计划经济思维严重，市场经济观念淡薄，缺乏新型控制市场的措施，管理思想落后。同时，企业内部信息系统大多并不健全，信息管理的方式落后，对外部变化的反应速度缓慢。更为严重的是，由于盐业公司在发展食盐业务时建立起来的销售网络仅仅局限在本省内部，在发展非盐经济的过程中，这种营销范围就显得过于狭窄，对全国市场的开拓形成诸多局限。

3. 服务理念缺失

由于食盐产品一直属于国家专营产品，所以全国各省区盐业公司在销售渠道上大都是粗放式管理。市场需求固定，下一层级的代理商会直接上门拿货，完全没有经营概念，更没有产品营销和服务理念。在从专营市场向开放市场转型的过程中需要一段时间的磨合。我们在熟悉盐业渠道的经销商调查中得知，这些网点中的大部分商家不具备快消品的管理经营意识，欠缺方法和理念来正规化运作高毛利产品。

4. 配送体系而非营销体系

北京美思美誉管理咨询有限公司董事长陈崖枫认为，客观地去评价盐业专营渠道自身的价值，还是比较缺乏技术含量的。

第一，销售是在满足消费者需求的同时达到成交的目的，而食盐是消费者或者说是生命的必需品，成交的难度几乎为零，所以我们的盐业专营公司所拥有的其实是配送体系而不是营销体系。

第二，现代营销的关键是品牌的塑造和营销体系的搭建，而品牌概念对于盐业来说是陌生的，而营销体系中所包含的现代营销战略在盐业体制中英雄无用武之地，所以久而久之，即便是英雄，在和平的年代也会失去战斗的能力。

第三，人员的管理和成本控制在营销中体现高度的技能，而国营体制下的人员管理和其他企业完全是两个概念，国营编制下的人员更像是担负国家使命而不是销售。

第四，盐业销售没有价格管控的难度，终端促销形式也比较简单，以盐业对价格和促销的理解，很难在其他产品中运作成功。

（三）部分盐业公司的“非盐”发展经验

1. 重庆盐业：“非盐”从市场服务开始

重庆市盐业集团是盐业体系中较早涉水非盐业务经营的，自2006年签下郎酒的重庆总代理开始，短短四年时间，通过转换经营机制，大力开拓非盐经营，兼并重组食品生产企业取得了显著成效。2010年重庆盐业非盐经营销售额已达7亿元，被业内誉为“盐业转型标杆”。

从2008年开始，重庆盐业推行了上门服务，业务人员的工作地点在市场，拜访客户、推介产品、拿定单、组织送货、售后服务等，都围绕一个主题，即“追求卓越服务”。

重庆盐业将服务分为两个层次。第一个层次，即对广大零售商和直接用户实行订货上门、送货上门、结算上门、服务上门等“四上门”服务。这一层次的基本服务主要有三个要求：一是方便，减少零售商和用户上门要货、提货、付费等方面的麻烦；二是质优价平，重庆盐业提供的商品比他们自己去进货便宜，且质量有保证；三是无偿退货，零售商3个月卖不掉的商品要求退货，承诺无偿退货退款。在第一层次之外，重庆盐业还有第二个层次的服务，即客户关怀，为零售商提供附加的超值服务。包括平时帮助指导陈列商品、协助促销，节日、生日、红白事的关怀问候，为客户分忧解愁，代办一些非双方业务内的事务等。这样的优质服务自然增加了渠道网点的忠诚度，在新产品推进过程中也得到了大力的支付。

2. 湖南盐业：“农村包围城市”成为制胜法宝

湖南盐业认为“非盐”经营目前还不适宜以城市为中心开拓市场，应立足城市、扎根于农村，以广大农村市场为中心，采取以“农村包围城市”的战略，逐步发展。

其一，城市消费主要以超市为核心，商品进入超市需要价格不菲的进场费、上架费及代销费，而且超市有自己的进货途径，其进货价格可能比盐业公司的更低廉。盐业公司暂时还无法占领超市的市场。

其二，城市批发市场相对成熟，湖南盐业历经二十余年计划经济，市场经营能力相对偏弱，盐业员工虽然已经在食盐配送工作中接触到了市场经济，却依然算不上有实战经验，对“非盐”经营的运作模式还比较生疏。

其三，城市消费群体对各类商品大都有了根深蒂固的品牌认知，而且城市消费群体对已认知的品牌忠诚度比较高，很难认同新的品牌。而各大知名品牌的商品已经被个体批发经济所占据，盐业“非盐”经营暂时只能选择一些新的商品下手，逐渐开拓市场，目前还难以在城市争夺市场份额。

其四，相对于城市市场，农村市场受经济的影响程度比较低，对知名品牌的忠诚远没有对实惠的商品价格忠诚，容易打开市场缺口。

在这种情况下，湖南盐业运用“农村包围城市”的战略，充分利用农村消费群体实用至上、经济至上的消费观念，以价廉物美为主导，开展差异化经营，培植新的品牌，积极拓展市场，抢占农村市场，逐渐渗透城市市场。

3. 安徽盐业：非盐商品连锁经营的标本

2008 年 4 月安徽盐业系统启动了非盐商品连锁经营项目，目前，利用食盐全省配送网络，向 10 万多户城乡零售网点直接配送质优价廉的商品。安徽盐业的非盐产业经营在全国是走在前列的，尤其是“非盐连锁经营”项目的打造。安徽盐业配送的非盐商品逐渐形成“四白”种类，即以“菱花”、“双娇”等味精为代表的调味品；以“海鸥·盐洁”和“奇强”等洗衣粉为代表的日化用品；以“酒鬼酒”、“口子酒”等为代表的酒水饮料；以“美恩”奶粉为代表的副食品。销售也逐渐形成了三个渠道，即以小型超市和杂货店为主的城乡食盐配送网络、城市大中型超市、酒楼食堂等。

【案例2】村邮站：解决农村“最后一公里”

宽敞的店门，整齐的货架，各种日常用品，蔬菜、种子、化肥……这是一家普通而又特别的农村超市。说它普通，是因为像这样的超市在村里有好几家，说它特别是因为它不同于其他超市。这是一家集基本邮政业务办理、邮件接转、农资和生活消费品销售、代收代付、农技服务、金融服务、文化服务等多种惠农功能于一体的邮政末端服务网点，也是配送邮政物流商品的网络终端和农业技术指导平台。

这就是河南邮政服务“三农”的又一新举措——村邮站。截至2011年10月，这样的村邮站河南省已有2.8万家。为了进一步提高服务水平，村邮站还通过互联网视频系统连接农技专家，为农民提供远程农技咨询服务，用现代技术把优质农资产品、实用农业技术和最新市场信息送到农民的家门口。

（一）探索连锁，布局村邮站

这只是中国邮政改革的一个缩影，在很多人的印象中，邮政单位主要以邮政速递业务为主，不会和终端连锁及零售业务联系在一起，然而，今天的中国邮政业务种类不断增多，邮政速递物流、邮政金融、邮务类三大业务板块初具雏形。

2005年7月，国务院通过的邮政体制改革方案为“一分开、两改革、四项措施”。“一分开”指邮政领域内的政企分开；“两改革”即改革邮政主业，改革邮政储蓄；“四项措施”则是指建立普遍服务机制、完善特殊服务机制、强化安全保障机制、改革价格形成机制。2010年中央一号文件再次明确指出“大力发展物流配送、连锁超市、电子商务等现代流通方式，支持邮政等企业向农村延伸服务，建设日用消费品、农产品、生产资料等经营网点”。

村邮站正是中国邮政布局连锁的重要措施。村邮站是为农村地区提供末端邮政服务的村办组织，是服务广大农村用户的邮政网络终端，也是农村投递的最后一个环节。更为重要的是邮政终端网络率先布局农村，成为渠道网络下沉的先头兵。

（二）连接农村“最后一公里”

农村邮政服务是农村公共服务的组成部分，加快村邮站建设是邮政部门延伸服务范围，有效解决农村邮政服务的“最后一公里”，进一步提升服务“三农”能力和水平的重要举措。

从2008年开始，中国邮政局在全国范围内启动“村村建站”工作。村邮站主要选择在交通便利、辐射面较广、人流量较大的乡镇中心位置，营业面积一般在40平方米以上，统一悬挂站牌，统一室内布局；“村邮员”由村委会选聘高中以上文化程度、具有较强责任心和经营意识的村民担任。作为邮政服务“三农”工作的基层机构，村邮站具有集合政府部门职能和邮政服务义务为一体的特殊性质，力争把村邮站建设成为集邮件接转、农资和生活消费品销售、代收代付、农技服务、金融服务、文化服务于一体的服务“三农”网点。

依据村邮站的功能，可以把村邮站分为三类。一类村邮站只提供投递基本服务，不办理邮政其他业务和扩展服务。二类村邮站除提供投递基本服务外，依托就近的邮政网点，采用手工方式开办简易收寄（受理信函、包裹、报刊的收寄收订）等扩展服务。三类村邮站在二类村邮站功能的基础上，依托村邮站信息化平台，提供邮政全业务的代办受理、公用事业费用代收代缴、票务代理、物资配送、分销业务等。

（三）村邮站未来：综合服务平台

专家认为：中国邮政大力发展村邮站业务，其巨大规模所带来的影响将不仅局限于邮政速递市场，很可能对传统的商品零售市场带来一定的冲击。

在布局冲动和政府扶持下，村邮站有可能发展成为超级连锁店，有望成为商品零售市场的新型巨无霸。而从其他经验来看，全世界最大的零售企业沃尔玛其实是40多年前在美国的农村起步的，并且在发展的前10年，他们只在农村开店。

村邮站建成初期，许多知名厂家就纷纷找来要求合作。在营销从业者看来，“得渠道者得天下”。他们看中的不仅是长期以来农民心中，百年邮政的“金字招牌”，更是邮政完善的物流配送和分销网络。

“邮政的分销网络体系确实是别人无法比拟的。”洛阳杜康控股有限公司大客户部经理告诉记者。和河南邮政合作不到一年，杜康在邮政物流体系的销售额已经突破2000万元。企业坦言：“靠我们的业务人员去跑，很难做到这么好的市场覆盖。”一方面，很多和邮政合作的企业都生产了邮政物流专供的产品，这正是邮政对于产品质量严格要求的一个缩影。另一方面，邮政的物流优势也大大减少了中间环节，降低了物流成本，提升了产品在终端市场的竞争力。

今后，中国邮政将积极探索邮政电子化支局系统、电子商务平台、便民服务站系统与村邮站建设的对接，使村邮站成为集文化站、科技站、信息站等多功能于一体的服务站，并将积极做好双向流通。通过打造邮政服务“三农”村邮站的综合服务平台，实现日用消费品和农资连锁店进镇、进村；通过精心组织展销会、订货会等商贸活动，引导农副产品进城、进店，最终实现农产品进城和工业品下乡的双向流通，在城乡之间建成行之有效的农村社会综合服务体系。

（四）河南村邮站发展纪实

2009年11月18日，河南省第一家村邮站在舞钢市枣林乡安寨村建成。宽敞的店门，整洁的环境，货架上摆满农民生活需要的日常用品，此外还有种子、化肥、农药等农资，可谓“麻雀虽小，五脏俱全”。村邮站的负责人——安寨村村民陈文超和村里群众一起，成为第一批村邮站惠农综合服务的受益者。

2010年5月，美国地平线公司董事长比尔费茨一行来到河南。他们此行的目的是考察与河南邮政公司开展项目合作试点工作。考察之后，美国人顿时对河南邮政的网络优势充满了信心。最终，双方决定展开深度合作，利用河南邮政的渠道和品牌优势以及地平线公司资金和技术管理优势，在河南建设“网络布局合理、双向流通高效、商品种类丰富、综合服务便利”的标准化连锁经营服务体系，共同打造中国农村的“沃尔玛”——“百全”连锁超市，推动农村零售市场发展，为广大农村消费者提供优质产品和便利服务，提高农民群众生活质量。

2010 年 9 月 29 日，中国邮政——美国地平线“百全”连锁超市全国首家直营店在河南省新郑薛店镇开业。河南邮政公司的愿景是：到 2012 年年底在全省建成 3 万个村邮站、3.8 万个邮政服务三农连锁超市。届时，河南邮政在农村的服务三农网点将超过 7 万个。

【案例 3】中石化，非油业务快速增长

近年来，加油站服务功能正朝着多元化的方向发展，使油品和非油品（所谓非油品业务，即加油站油品销售之外的收入）业务构成一个有机的整体，将加油站打造为“汽车生活驿站”。以中国石油化工股份有限公司（以下简称“中石化”）为例，其非油品业务在 2011 年的收入达 82.6 亿元，这一数字在 2008 年还只是 11 亿元。

据悉，中石化 2012 年的销售目标是 100 亿元，2015 年为 200 亿元，而现在零售业十强年销售额的标准基本就是 200 亿元，依托旗下近 3 万座加油站，未来 5 年，其非油零售业务或将成为全国零售连锁渠道十强。2011 年中石化销售额 2.5 万亿元，虽然加油站便利店 82.6 亿元的年销售额在目前的营收棋局中并不显眼，但该新渠道对未来食品市场的影响不可小觑。

（一）中石化蒸蒸日上的非油业务

中石化的终端零售业务主要分为两大块：一块是油品零售业务；另

一块则是非油业务，主要是为客户提供燃油、燃气以外的商品或服务。

其实，早在2003年，中石化很多省市级销售公司就开始尝试开发非油品业务，但因各自为战等原因，经营状况并不好。自2007年开始，中石化开始启动加油站形象改造工程，当年投资15亿元专项资金，打造数千座样板加油站。在本次改造中，中石化将加油站定位为“一种集加油、中途休息、餐饮、购物、车辆维护于一体的综合性服务网络”。2008年，中石化正式推出“易捷”便利店的非油品品牌，建立统一的运营模式和业务流程。之后，借助于中石化的雄厚实力及遍布全国的加油网点，“易捷”在短短两三年时间得到了迅速发展。

有数据显示，2008年，中石化开设便利店5300家，2009年增加到1.2万家，2010年则发展壮大至1.58万家，截至2011年年底，全国共3万多家的中石化加油站中，已有逾1.9万家开设了易捷便利店。与此同时，中石化的非油业务销售额也从2008年的11亿元飙升到2011年的82.6亿元。

（二）四股力量助力加油站进军零售连锁

在前些年油品紧俏之时，成品油零售利润丰厚，非油业务并不被两大石油公司（中石化、中石油）重视，只在少量加油站有零星开展。随着成品油定价机制逐步走向市场化，成品油零售利润不断收缩。而民营和外资近些年的急速扩张，也给两大国有石油公司的销售市场带来巨大压力。“前些年只是把加油站当作了卖油点，没有看成是零售店，缺少商业氛围。实际上，有车一族是很重要的客户资源，完全可以在销售油品的同时开展交叉销售，多业态切入零售市场。”中石化销售公司一位高管说。随着国内经济的发展，加油站便利店的出现将成为必然，总结来说，以下四股力量加速了国内加油站便利店渠道的快速发展。

（1）消费群体规模扩大。自2009年中国汽车业产销两项数据超过美国成为世界第一汽车大国，车轮经济的巨大商机使得各个商家趋之若鹜。作为中国最大的能源化工企业，中石油、中石化也盯上了油品之外的非油品业务，开始了进一步完善加油站的功能和掘金非油品新业务的新商机。随着有车族的壮大，加油站便利店的客源也越来越多，相比传统便利店、超市，加油站便利店的商品更加有利可图。加油站主要经营食品、饮料及汽车用品，此类商品毛利大约在30%左右，高于一般超市17%左右的水平。

（2）**现有渠道资源的最大化利用**。中石化旗下有近3万座加油站，并且延伸至乡镇等偏远地区，这是发展便利店最大的依托，也是最大的优势，而中石化也称其建立了国内最大的非油品零售网络，而且中石化加油站点很多都占据着城市道路的关键位置，车流、客流量大，经营优势明显。以中石化河南石油分公司为例，其非油品业务发展的目标是把中国石化成品油零售网络打造成为功能完备、服务精良、具有较强竞争力和品牌价值的综合性服务网络。目前中石化河南公司在全省已拥有1100多家便利店，全省月均销售额达2000万元以上。从规模上讲，已成为全省最大的便利店连锁经营企业。

（3）**国外经验的借鉴**。加油站连锁商业在国外本身是一个成熟的产业，西方发达国家在建设加油站时，一般采取“加油站+便利店”的经营模式进行规划设计。在美国、英国、澳大利亚三国的石油公司的零售总利润中，非油品业务的利润所占的比例几近一半，非油品销售正在占据石油销售企业的“半壁江山”。相比于国外成熟的非油业务，中石化的非油业务还处于起步阶段。据EIA等权威机构发布的数据，美国的加油站便利店销售形成的利润占总利润的55%～65%，而目前国内大部分加油站的这一比例只有5%～10%，由此可见，该市场的容量是非常可观的。

（4）**国家政策支持**。2010年2月，商务部一纸文件为中石化开展非油业务提供了政策保证。《关于促进加油站非油品业务发展的指导意见》的出台，提出了要在“十二五”期间，利用加油站网点布局优势，积极发展非油品业务。政策利好之下，加油站变身为超级连锁店的速度有望加速，加油站将由传统单一业务类型向多元化、规模化方向升级。

在未来，集合多种功能、多种业态的加油站将成为必然的趋势。

（三）加油站便利店“动了谁的奶酪”

中石油、中石化布局非油业务，有可能对传统零售商品市场带来巨大冲击。依托几万个加油站点，两个超级连锁“巨无霸”将是任何一家连锁经营企业都不敢小视的竞争对手。从“昆仑好客”被购风波我们就不难看出传统零售连锁对该新兴渠道的跃跃欲试。

近年来，国内连锁便利店发展极其迅猛。以 7－11、好邻居、快客、易捷等为代表的一大批连锁便利店快速发展起来。专家指出，国内整个便利店本身处于过度竞争状态，此外其他超市、卖场等连锁业态也相当发达。对于中石化、中石油非油业务的迅速扩张，有超市行业人士曾表示并不担心，“我们的顾客群体不重合，实际上并不存在竞争”。同时，一些行业专家也表示：由于业态区别，加油站便利店与连锁店的竞争交集并不多，加油站非油业务不是要满足所有的消费者，只是满足有车一族的消费需求，在加油站买东西只是花钱买便利，跟连锁店、超市等不是一种竞争业态，因此并不需要担心加油站便利店对市场带来的冲击。

与连锁超市等相比，目前两大石油公司的绝大多数加油站仅仅具有便利店的一些初级服务功能，如提供一些小商品的买卖、简单餐饮等，没有形成专业化经营和规模化发展，服务对象相对狭窄，与连锁超市差距巨大。此外，由于消费习惯与欧美等国家不同，中国的加油站非油业务获得接受和认同还需要一个过程，普通消费者更愿意去连锁店而不是加油站购物。

相较于产品和专业化，培养消费者的购物习惯则显得更为艰巨。加油站便利店的商品构成肯定和传统便利店是有区别的，在实际操作中摸索什么样的商品组合适合加油站的消费者，还需要很长的一段时间。同时，目前去加油站的人还没有养成顺便购物的消费习惯，从这方面来说，加油站便利店还需要很长时间的市场培育期。

（四）开发加油站便利店，主打区域特色牌

据行业专家分析，加油站经营非油品业务有其自身优势和特点，但其中也存在一些问题：主要集中在商品结构、价格定位及场地等基础方面。虽然已有一些地方的加油站便利店开始出现盈利的势头，但整个业态还只处于初始阶段。与外国成熟的加油站连锁商业不同，现在国内的加油站大多占地面积不大，因此，进站的车辆驻留的时间很短，且到便利店购物的私家车车主不多，购物者一般是购物较少、“速战速决”的出租车、公务车、货运车驾驶员。加上市区便利店、超市、大卖场的密度很高，购物很方便，而加油站便利店的售价又往往比其他地方高，因此人们通常不会在这样的便利店里消费。

加油站便利店只有充分发挥自身优势，调整好产品业态和合理的产品定价，才能够吸引更多的消费者走进加油站便利店。例如法国原产的法兰西公爵牌葡萄酒，目前已经在河南省超过200座加油站销售；中石化广东深圳石油分公司旗下110家易捷便利店，除了提供日常用品之外，还销售茅台酒、普洱茶、高档红酒等2000余种高档商品，满足不同人群的需求；中石化协助福建轻工、食品、茶叶等特色产品进入中石化系统16000多家加油站便利店销售等。

【案例4】报纸发行创新化与产品精准对接

随着传统盐业公司、邮政渠道、石油系统都呈现出多元化与专业化的运营趋势，报纸发行系统也在进行自我改革和创新尝试。不少报社利用自己的发行网络，发展创新型经营，开展多元化营销模式，闯出了一片天地，成为一种新兴的特通渠道。

（一）由产品推广载体向配送载体转变

以前，产品在报纸中加载广告、POP单子。而近年来，一些报纸发

行部门在完成报刊销售与投递任务的前提下，利用发行渠道网络开展增值服务和营销项目。报纸已经从传统的产品推广载体转向为配送载体。不少报纸把发行业务做宽做透，充分利用发行渠道和终端网络将业务延伸至商务配送领域，比如鲜奶、纯净水等。

1997 年陕西《华商报》自办发行，不但使报纸发行量连年上升，还培育起了一个强大的“黄马甲”配送网络。2002 年“黄马甲”发行队伍从华商报社脱离出来，成为华商数码信息股份有限公司所属的“黄马甲”配送中心。2005 年 8 月 30 日，“黄马甲”配送中心与西安交大康桥饮用水有限责任公司举行了隆重的“智泉”牌桶装水签约仪式。桶装水业务的开展是“黄马甲”多种经营工作的新的尝试，成为“黄马甲”新的利润增长点。此外，“妙味”凝固型酸牛奶、白沙烟等产品也都是“黄马甲”的合作伙伴。2010 年，“黄马甲”对牛奶的配送收入，已经能够占到总收入的 2/3，在陕西日均配送牛奶 20 万袋（瓶），约 40 余吨，占全省鲜牛奶销量的 30% 以上。经过 15 年的探索，“黄马甲”已发展成为以西安为中心，横跨长春、沈阳、重庆等地的专业化、规模化、信息化物流配送企业，拥有 12000 余名员工，2010 年四地“黄马甲”年销售收入 4.8 亿元。在西安城区 500 个主要干道上，平均每个道路就有 6 到 8 名“黄马甲”员工。每个社区都有专职发行人员。“黄马甲”配送中心下设 81 个发行站、11 个零售站、50 个便民连锁店、1 个书店，拥有 3500 余名员工。

2007 年 12 月，杭州日报报业集团发行公司同杭州网和《每日商报》正式启动了“杭州每日商城”B2C 电子商务平台。其中，发行公司负责配送商品，杭州网专营网上商城，而《每日商报》负责品牌和广告宣传。到 2009 年已有 100 余家知名企业、千种商品加入配送网络，其中包括金龙鱼调和油、飘柔洗发水等，以百姓日常消费品为主。杭州日报报业集团这种“报纸经营主业 + 创新经营副业”的经营模式使它在 2007 年的商品配送及 DM 广告方面盈利 500 万元。这是一个“三位一体”的整合营销网络，也是报纸创新经营的绝佳案例。

2009年，河南《漯河日报》发行中心将地产白酒卧龙酒和牛奶纳入到了体系中。在地市有70~80名发行人员下沉到乡镇，从而形成了密集的发行网络。而这个发行网络同时也是销售网络，发行员也就成了白酒和牛奶的业务员。同样是在河南，省内发行量最大的《大河报》与花花牛牛奶及大桶纯净水达成了合作伙伴关系，在配送报纸的同时派遣同一队发行人员送奶送水入户。在郑州市，发行员数量可达50个。全省范围内业务员在几千人左右。通过50~60万的发行量网络，这种创新型经营为《大河报》创收几千万元。

此外，可口可乐公司与《北京青年报》的“小红帽”配送体系建立合作关系，针对玻璃瓶装的主要消费人群展开了另类销售。在北京地区，玻璃瓶装的可口可乐已经不是主要的销售包装形式，玻璃瓶逐渐被PET瓶所取代，很少有经销商愿意同时销售与配送玻璃瓶装与塑胶瓶装可口可乐。但由于玻璃瓶装可口可乐系列产品进入市场较早，还是有一定的消费人群——非年轻人的“老”消费者和当场即饮的社区便利型消费者，因而可口可乐还想保留该产品的销售。通过调查，可口可乐公司发现玻璃瓶装消费者一般聚集在“老”社区。而在那里，他们总是通过看报的形式了解外界信息。于是，可口可乐公司和《北京青年报》携手开发了这一独特的销售渠道。

由此可见，报纸发行部门完全可以利用自身密集的渠道优势，开发多种物流配送与营销业务。为更好地使用发行网络的渠道优势，报纸发行部门应该实现从订户管理到客户管理的升级，按照数据库营销的思路，完善读者的信息资源，以便深入开展多元化经营。

（二）产品类型需慎重选择

然而，什么类型的产品才能与报纸发行体系相互融合呢？业内人士提出，不同的产品有不同的属性，不同的地区有不同的产品需求，不同的报纸有不同的读者群体。日报的征订对象是政府及企、事业单位，读者覆盖群体是政商界人士，因而以团购形式提供货值较高的商品如酒水、家具、办公用品等会比较合适，如《漯河日报》牵手卧龙酒。而晚报、都市报的读者是批发商、个体商户及百姓，符合百姓日常消费特性的快消品如牛奶等商品则会更加契合，如《大河报》牵手花花牛牛奶。也有不少报社委托工厂加工生产专属产品，销售自主开发产品。总之，报纸发行的创新经营，必须以需求为根本内容，更加精准地与产品属性和读者属性进行对接，销售效率才可能提高。

而商品销售量的提高与报纸发行量是相辅相成、相互促进的。产品的销售能够促进报纸开发发行网络，报纸发行网络的扩大又能够推动产品的销售。比如，报纸发行人员去工厂上门推销一款白酒产品，顺带询问了是否有新的意向订户。同理，在报纸征订用户中寻找白酒产品的潜在需要群体，实现推销的目的。

（三）报刊发行历经三个阶段

要深挖报纸发行中的创新经营发展模式，就不得不涉及报纸发行的历史改革。报纸发行的渠道变革经历过三个历史阶段：统一邮发、自办发行及如今的多渠道并行。自 1950 年起，报社发行统一交由邮局代理。到了 20 世纪 80 年代中期，全国 1000 家报社只有一个邮发渠道，拥挤不堪，报纸发行的及时性大大降低，送达率也同样令人不满意。为了改变这种尴尬的状况，报社提出了自办发行的新模式。这个新模式包括完整独立的自办发行和“二渠道”发行。1985 年，《洛阳日报》脱离邮发渠道，首创“自办发行”，在洛阳市 9 个县 6 个区 1 个市建立了发行所，组建了送报队伍，成为最早采取完整独立的自办发行模式的先锋。到 2007 年，全国实行自办发行的报社约 900 家，虽然只占全国报纸总数的 40%，但却创造了 80% 以上的广告份额。而 1987 年《扬子晚报》向报贩批发的发行方式则属于“二渠道”发行。“二渠道”发行是报纸利用报贩，通过零售层层批发的渠道实行自办发行，这种方式更加节省资金。随着报业的不断发展，邮发、自办发行和二渠道实现了和平共处，多渠道发行模式逐步形成。

二、特商战略崛起的原动力

“特商”兴起有其特定的时代背景，他们之所以被称为“特商”更多源于其拥有的特殊资源和独特的市场操作方式，但不管怎样，特商已经逐渐成为一股不可小虚的力量，在快消品企业与他们的合作较量中，如何占据主流、借力构建好终端，应该成为企业下一步运作的焦点。

任何事物的发展和壮大都必须有支撑其发展壮大的原动力，特商也一样。笔者从以下几个方面解读一下特商战略崛起的原动力，以期让大家对特商的未来有一个更清晰的认识。

（一）原动力一：消费多元化

随着社会经济和文化的发展，消费需求得到了极大的满足。消费多元化的本质就是需求个性化，个性化带来多元化，因此，我们的企业不断地开发定制产品。多品种、小批量成为企业的产品策略。需求多元化下的产品多样化成为一种必然。产品多了自然就为我们的特商借助自身市场资源拓宽产品领域提供了机遇。

由于产品市场的快速发展，大量的产品开始在原有的渠道商之间形成竞争，这种竞争带来了原有厂商之间的博弈。在这种博弈的背后厂家显现出弱势地位，开始寻找新的合作伙伴，以期最大化的占领市场份额，而特商群体的出现成为厂家选择合作伙伴的首选。

（二）原动力二：完全市场化

近几年，中国政府推动政企分开，推动行政事业单位企业化的力度非常大，如新闻媒体实现制、播分离，烟草、盐业等单位实现企业化，而企业化的本质就是市场化。完全市场化的直接目的就是让看不见的手成为市场资源的主宰，成为分配的基本要素。

这种大背景之下，我们的特商群体迅速出现。他们从某一个专注的领域开始思考自身的生存与发展，开始在市场化的前提下规划自己的未来，这是特商战略崛起的重要原动力。同时，完全市场化之后，特商开始整合自身资源，完全投入到市场运营之中，他们的目光不仅仅盯住自身所在的领域，更善于捕捉相关领域的发展，尤其是产品市场的发展。而善于发展相关领域产品市场的机遇也是特商拓展产品领域起步期的特质。

（三）原动力三：渠道多元化

渠道多元化是市场发展的基本标志，也是市场发达程度的基本体现。在完全市场化的背景下，笔者一直以来对渠道的观点就是“有人的地方就有渠道”。消费者购买行为的变化，催生了市场渠道的多元化，消费者生活习惯的改变也催生了诸如网购以及夜店等渠道的战略崛起。

渠道多元化的必然趋势，为特商借助自身特有市场和渠道体系拓宽产品领域，引入新产品提供了基本的原动力。如报社实施办报和发行完全独立后，发行部成为企业，实现了完全市场化，那么报社发行部在完成报社发行任务的前提下，开始引入相关产品，实施市场化运作。据了解，很多地方报社的发行部都开始经营相关产品，并且成为这一产品领域市场运营的主力军。

（四）原动力四：资源独有化

无论是政企分开后的特商群体，还是跨界的特商们，他们都在一定的市场领域内形成了一定的市场地位和独有的市场资源。并且很多特商借助自身原有的且是独有的产品资源，形成了对新领域的产品操作的比较竞争优势。如盐业系统借助食盐产品的独有性，实施新产品带动战略。烟草系统利用卷烟产品的独有性，实施新产品带动战略。如房地产商进入白酒领域，进入汽车销售领域……以及其他领域的特商，大多以资本商进入新的产品领域。目的就是借助自身独有的市场资源能力，形成自身新的经营领域。

特商借助自身的产品独有性不仅形成了自身的比较竞争优势，而且还具备强大的市场网络体系，这对引入后的产品成功操作是一个强大的支撑。

（五）原动力五：运营专业化

相比行业内的传统经销商而言，特商非常具有专业化的优势。

一是市场研究的专业化。特商对市场的研究具有很强的能力，因为绝大多数特商对新领域的产品具有很独特的市场认识，同时他们也具有很强的市场机会认知，避免了传统经销商的固化认知。当然，特商对新领域的产品操作也具有很强的市场创新能力。

二是团队专业化。特商不仅拥有强大的团队规模，而且团队专业化程度相对传统经销商而言比较高。笔者了解，诸如盐业、烟草和报纸媒体发行部而言，他们在一个地区级的市场都拥有超过百人的团队，这些人可以从地级市遍布到村镇市场。同时由于特商不是一个单个的个体，他们具备总部的能力，他们经常组织学习、培训。

三是管理专业化。诸如盐业、加油站，他们都有很严密的市场管理体系和考核体系。据了解，加油站的市场管理规范程度不仅高于传统经销商，而且高于很多制造企业的市场管理。如烟草业在每个零售店里都有一个签到本，要求在送货的同时必须在零售店里的签到本签到并注明市场管理的内容，包括顾客建议等，这个本成为行动管理的纲领。

四是经营专业化。特商进入新的产品领域不仅能够将市场资源转化为比较竞争优势，还能够发挥自身的经营专业化优势。同时，特商引入新产品之后，具备低成本运作市场的能力，因为相对物流、人工等成本而言，不会有太多的增加。

三、特商：特殊资源，特色运作

（一）特商之特

与特商合作，运作特商已是企业必需关注的，那么如何精准运作特商呢？了解特商的特殊之处是运作特商的前提条件。

1. 特商之特首先在于其拥有或独占特殊资源

盐业系统对食盐实行专营，随之销售食盐的二级批发商、终端必须办理《盐业专营许可证》才能经营。这就带来了省市县盐业公司对于各渠道终端（包含商超、流通和餐饮等）的执法监察权，也就具有了对于终端进货渠道和品种相对主动的话语权。河南省盐业系统拥有发证的食盐专营终端近 18 万家，几乎占统计全部零售终端 25 万家的2/3，其拥有的客情关系和分销能力可见一斑。

赫赫有名的“两桶油”更是占据了成品油零售终端——加油站的80%以上资源，凭借着政策垄断、网点密集、交通便利、购物可计入油票的优势，中石化旗下的“易捷”便利和中石油旗下的“昆仑好客”经营非油品类越来越丰富，营业额越来越高，从最初的矿泉水、方便面、火腿肠等低毛利品类逐渐转向礼品、白酒等高毛利产品。

2. 特商之特还在于经营思路特殊

全国食盐经营销售额近 200 亿元，中石化 2010 年度油品销售额 1. 96 万亿元，主业的市场地位、销售额、经营利润都所得惊人。“两桶油”全国加油站终端逾十几万家，配送车辆川流不息，省级中央仓库库容几亿元物的资；河南省盐业系统拥有 2. 7 万名职工，配送车辆和物流能力遍布乡镇、农村。

之所以在特商系统中快速消费品被称为“非盐”、“非油”，就是说明在这些系统中主业就拥有销售额和利润的巨大空间，都足以使职工的薪酬福利得以保证。开展其他业务的出发点，是主业因为国家赋予的垄断地位和专营权已经使市场份额和销售额无法提升，资金、仓储、物流、人员的资源闲置需要开展多品种业务提升销售总额、分摊费用、提高利润。

3. 特商之特实际上还有经营水平参差不齐

特商因为垄断资源或者行政许可的强势地位，在主业经营上商业化的思路、操作、管理水平可以说参差不齐。无论是周期性拜访还是货架陈列，无论是价格设置还是促销推广，这些快速消费品行业耳熟能详、融会贯通的操作思路、手法，对于特商都是生疏的甚至是陌生的，这些都是快消品企业与特商合作必须要警惕甚至要改变的。

（二）特商运作策略

超商、大商也罢，都是纯粹商业性运作，都是在经营策略、推广思路上进行创新。但特商因为其资源、网络、关系、目的特殊，更需要量身定做的特殊运作策略。

1. 特商运作经营思路要明确

特商都有比重较大的主业，因此，特商单位只把其他业务作为部分或补充，这在表面上是不利于运作特商的；但另一方面，较低的期望值带来较低的盈利目标，而且主业人员团队、物流、店面租金的费用分摊无形之中提高了经营其他业务的盈利空间，都为特商谈判带来了相对优势。

其次，特商单位一般都有“安全第一”的思想。对于主业清晰的特商而言，不开展多品种经营至多算不思进取；但经营失败或亏损较大则是自毁前途，等于丧失了前进道路。所以开展特商谈判必须要从稳健经营入手，采取小步快跑策略，避免商业冒进，开展大规模或超前开展市场投入和运作。

2. 特商谈判要抓主不放次

一般商业单位权责分明，进入谈判多是抓大放小，抓主放次，特商单位则不然。

特商单位一般拥有行政级别或官衔，领导班子决策实行民主集中制，实际上主要决策都是由主管领导决定。所以运作特商时期，必须善于配合，举行恰当的活动打消特商单位疑虑，深入讲解市场推广思路，达成广泛共识。

3. 特商运作产品选择要对路

产品是经营的载体，产品选择的正确与否直接关系到特商单位经营的开局和持续是否良好。不同的特商单位独占的网络资源不同，面对的消费群体不同，就必须有相应的产品体系和品类差异。

盐业系统主营产品食盐具有普适性，所以终端网络最为普遍、最为密集，经营民生产品最为适合，特别是调味品类、纸品类、方便食品类、糖酒类、饮料类具有代表性；同时盐业系统福利消费和公关能力较强，具有奢侈品性质的高端白酒、红酒、礼品也具有经营能力。石油石化系统网络交通便利、网络密集，购物人群消费能力相对较高，所以方便食品、饮料、休闲食品和特色礼品是主要适合品类；同样高端奢侈品的消费能力也是首屈一指的。邮政系统具有较强的消费者直接客情关系，对于大宗农资产品和单价较高的礼品具备较好的经营优势；邮政汇款的知根知底对于保险、理财等金融产品同样具有推广的客情优势。

4. 特商运作要在企划方案和辅销上下功夫

由于长期体制的原因，特商在其他业务运作能力上相对一般，所以特商供应企业要有清醒地认识和有效的办法。

特商供应企业要事无巨细地帮助特商进行企划方案和模式建设，从无到有、从小到大地在产品结构选择、价格设置、宣传陈列、促销推广等方面和特商共成长，这样才能在特商快速成长的过程中比翼高飞。

四、掌控特通，让品牌起飞

特通这个特殊的渠道，相对于其他意义的渠道有着封闭、专一、稳定等优势特点。一个特通是否是一个好的渠道，是否是一个选择正确的渠道，又完全取决于企业在营销运营中对于特通的理解和对于自身产品的认知。

对于现代食品行业，特通其实已经无处不在，也许你现在可以回忆一下在飞机上用餐时品尝到的乌江榨菜，也许你可以回忆一下在动车上免费饮用的5100矿泉水，这些成功登陆在交通工具上的产品不但满足了消费的需求，同时也在这个封闭的渠道里做到了名利双收。

（一）“三涧”现象

作为调味品行业的渠道运营，特通已经开始发挥前所未有的推动作用，其中在计划经济时代的一批专职职能部门首先成为一股不可低估的力量，盐业、邮政、糖酒、药业这些事业行政单位，在新时期的经济浪潮中正发挥着他几十年沉淀下来的特有的优势。由于在一个封闭的空间中坚持运营几十载，使得这些特通的端点网络建设十分的齐备，固定的客户，稳定的客情，以及在风风雨雨中建立的名利关系。

笔者在南京就曾经耳闻目睹过一场由南京盐业公司和苏州三涧酿造公司共同策动的精彩市场争夺战，这场战役之所以精彩就在于苏州三涧公司虽然公司的名称是“三涧”，但是却并非拥有“三涧”的注册商标，而这个注册商标的所有人则是上海三涧公司。上海这个“三涧”品牌的料酒在南京及周边市场经过十年的耕耘，已经拥有了完善的批发，零售渠道，在终端的消费中占有绝对的优势地位，年销售额在南京超过了200万元，连王致和、老才臣、老恒和、恒顺这些料酒行业的翘楚都望而生畏，要想战胜和夺取这个市场，很多人都没有设想过和奢望过。就在此时，苏州三涧这间似乎与“三涧”品牌有着千丝万缕关系的企业找到南京盐业公司，经过缜密的策划，在盐业公司的紧密配合下，硬生生的将自己的“味大厨”品牌挤进了已经充分竞争的市场，并且在三个月内凭借自身优势的品质和差异化规格撕开一个缺口，用切割式的促销政策将“三涧”品牌的批发商全面策反，而这其中的运作，盐业公司功不可没。现如今，“味大厨”品牌已经经过一年的市场推动，抢夺了60%的“三涧”市场，而就在不久前，“三涧”被“味大厨”并购，实至名归的成为苏州三涧公司的子品牌。这场历经一年的攻坚战正是正确的选择了南京盐业公司这个特通，才有了后来的智取“三涧”。

（二）“另类特通”的秘密

很多人提及特通都会马上想到我们刚才提到的盐业、邮政、交通等渠道。但是，在现代营销时代，特通的概念将变得更加的广义，而品牌与渠道的关系也变得立体化，我们称这些不同于以上特通的渠道为“另类特通”，“另类特通”的概念就是站在一个相对意义和相对层面去认识另一个层面的渠道。例如，“双汇”和“雨润”等优秀肉制品生产商经过十几年打造的熟食和冻制品渠道；“益海嘉里”经过科学严谨的管理打造的金龙鱼粮油渠道；“加多宝”经过大智大勇策划运营的“王老吉”渠道；“娃哈哈”经过产品创新和人性化经营建成的饮料渠道；“珠江桥”酱油经过全国数个烹饪交流中心编织的调味品餐饮渠道；由“多美滋”，“雅培”等进口奶粉经历十几年耕耘而成的婴幼儿食品渠道；由数百个子弟兵历经数年打拼出来的“陈克明”挂面县级经销渠道……这些由企业自身发展的渠道在外界看来并非独立，但是由于其运作元素的不可替代性使得这些渠道相对封闭，其他的同质化产品和品牌被边缘化或者被排斥，这样也使得这些渠道显得十分的单纯和简单，这也就为具备差异化产品结构的企业提供了合作的机会和管道。这些封闭式的渠道我们就称之为“另类特通”。

那么，这些“另类特通”有怎样的渠道优势？又有怎样的渠道力呢？我们一起来看看下面的一段对话：

“请给我一瓶“王老吉”。”

“对不起，我们只有“加多宝”！”

这一段简单的对话，其实已经反映出一个不争的事实，那就是广药集团虽然拿到了“王老吉”的商标权，但是真正的渠道却被“加多宝”控制着，而加多宝已经通过它的策划力和执行力将渠道进行了有效的封闭，所以，“王老吉”与“加多宝”之战是一场真正的品牌与渠道之战。而在这个封闭的“另类特通”里只要投入好产品，都会有很好的收获，所以细心的人都会注意到一支“昆仑山”的矿泉水已经悄悄的在加多宝渠道成长起来，也许它就是水界的下一个“王老吉”。

提到对于“另类特通”渠道的运用，不得不讲讲广东珠江桥生物科技股份有限公司在“另类特通”的利用和建设。珠江桥一个绝妙之笔就是其以长沙，广州等地为核心的“珠江桥烹饪交流中心”。这些交流中心均由在中国具有绝对影响力的烹饪大师主持，与其餐饮渠道进行有机的结合，形成了很强的合力，而这个由珠江桥建设的“交流中心”已经成为数个差异化调味品产品品牌的“另类特通”。他们正在规化与金龙鱼合作成为调料战略合作伙伴，与克明面业和泰国金苏吝泰香米合作成为主食产品战略合作伙伴，将这个“另类特通”的渠道力发扬光大。笔者认为，新时期的特通其实已经无处不在，只是你是否将特通这个约定俗成的词语进行深刻的挖掘和空间的转换，认真的对待你身边的渠道，挖掘它封闭的一面，你会看到另外一片天空。

无论是“特通”还是“另类特通”，既然是在一个封闭的空间中去运营，多多少少受制于人是不可避免的，关键在于了解特通的渠道性质和结构，一定要注意它的优势和劣势，不是所有的特通都适合做你的产品。与特通合作，要注重与其团队的协调性，要懂得如何激发其团队的积极性。优秀的特通可以一夜之间将你的产品送进千家万户或者千村万店，平庸的特通也许提供给你的只是一张地图，一张网，而你需要做的还是要沿着这个网去重新建设你的终端。

合理的利用特通和相对意义的另类特通，让更多固定商圈的消费者能在最短的时间接触到你的产品，并且利用特通创造的良好的信誉氛围达成最有效的购买，而在这个过程之中，让你的客户感受到一种亲切，稳定的客情诉求，这就是一次完美的品牌营销。

第二部分

如何成功地打造新产品

中国商业流通市场发生了深刻的变化，经销商规模竞争时代已经到来。如果把核心思想比做飞机的发动机，那么，支撑这架飞机翱翔天空的两个机翼就是新品推广和终端推广。

经销商必须明白，也应该深刻体会到产品的生命周期已经越来越短。

为什么产品的生命周期越来越短呢？

一是喜新厌旧。这是导致产品生命周期变短的根本原因。享受型消费的最大特点就是消费者喜新厌旧，同时，另一个特点就是个性化。在全球一体化的大背景下，消费者是在信息完全对称的前提下选择并购买商品的。

二是竞争激烈。因为全球一体化，企业的很多原材料价格已经处在一种动态变化中，加上各个行业均出现产能过剩问题，在这种大背景下，竞争加剧也是必然的。竞争即意味着企业之间拼的是效率，因此，企业产品更新的速度快也是必然。

既然产品生命周期短是不争的事实。那么，推广新产品就会成为经销商市场重构期的“新常态”。

我们可以肯定地说，没有规模的经销商可能还会生存一段时间，但不会推广新产品的经销商很快就会被市场淘汰。原因很简单，因为未来的市场竞争，说到底就是新产品的竞争。我们能断言，一年之内连续两轮没有成功实现新产品推广的经销商，意味着即将退出市场。同样一年之内，如果经销商经营的品牌，都没有能够成功推广新产品，也意味着会退出市场。

因此，研究如何成功推广新产品应该是经销商的首要工作。

产品是经销商赚钱的工具，也是经销商的命脉，那么如何选好产品是一门系统的工作，更是一项有用的技术。选产品一直困扰着广大经销商，虽然市面上关于选产品的文章很多，却往往没有关于选产品真正系统的阐述。让我们从选产品的体系分析和实际操作策略为出发点，为经销商在众多产品选择中指引方向。

（1）一款好的产品可以成就经销商的地位，也可以毁掉经销商的声誉，甚至生意，所以选择很重要，也更能体现一种智慧。

（2）选择产品是一门系统的工作，更是一项技术，这也是经销商必须掌握好的看家本领。

（3）厂家的智慧就是如何制造出适合消费者的畅销产品，而经销商的智慧就是如何选好产品组合，满足广大消费者的需求。

（4）选产品的技术，决定着经销商的未来能否做大、做强、做久。

第六章

经销商如何选产品

一、经销商自身情况的分析

经销商处在不同的阶段，对产品选择的标准也存在差异。一般可划分为入行起步阶段、发展阶段及具有一定规模阶段。

第一步，入行起步阶段。

通过对不同经销商入行的总结，大致有三个特点：入行时间较早，靠代理一个大品牌起家，通过代理大品牌逐步建立起自己的销售网络。他们由于行业经验少，选择品牌的偶然性很大，但能够敏锐抓住市场动态，顺应市场变化。

第二步，发展阶段。

这个时期的经销商基本已经有了初步的资金积累和销售网络，且已经形成简单的内部管理。在选择产品上也不再像以前那样被动，而是能够根据公司的发展需要来选择产品。选择品牌的标准一般归纳为以下几个方面：

第一，有一定的品牌知名度。一二线市场消费者对品牌的认知度和忠诚度较高，而处在发展阶段的经销商没有能力引导消费者，只能顺应当地的消费特点，故选择品牌首先要看的是知名度、认知度及消费增长趋势。

第二，了解厂家，通过市场调查了解厂家是否经常变动，是否适合本土市场的操作思路以及对当地市场的支持力度。

第三，产品在当地市场的增长潜力，通过对类似产品的市场调研看有无市场空间，决定是否代理这个品牌。

第三步，具有规模阶段。

具备了一定的产品、渠道和团队的规模后，这个阶段的经销商已经跨过了生存坎，逐步迈向规模化、规范化的发展阶段。这个时候经销商选择品牌标准取决于其公司的定位，而经销商的定位又取决于其自身资源的特点。选择品牌一般关注以下几个方面：

一是首选二线品牌和区域强势品牌。就目前情况来看，一线品牌的渠道下沉限制了这类经销商的发展，他们一般都不是这类经销商的首选。而二线品牌和区域强势品牌有一定的知名度，产品方面有一定的保障，而且厂家也有拓展的欲望，经销商与之合作，产品包装、新产品开发等各方面的谈判相对较容易。

二是选择在自身经营的产品或品牌，与产品结构和品类组合有补充的小品牌。

三是看公司的战略定位和老总的发展信心。

四是本土市场的渠道、消费水平、消费习惯等，结合自身资源的市场接受度和市场发展潜力。

二、进行有效的区域市场分析

1. 当地是否有空白市场

如果产品在当地是空白市场，当然是再好不过了。不过这需要看经销商有没有犀利的眼光和洞察整个行业市场的能力。在这样的情况下，经销商最好到外地甚至外国进行考察和调研，寻找一些在国外或国内一些发达的区域城市流行的产品，再结合本地市场的消费特性和发展趋势进行认真地分析和思考。合适的产品自然就会在本地空白市场形成良好的发展趋势。

2. 同类产品的市场竞争状态

在确定选择某类产品之前，建议经销商对本地市场的同类产品的市场竞争格局进行认真地调查，比如品牌数量、营销差异化策略、产品售价策略、市场布局、消费量等，还要对消费者需求和消费习惯等方面做一定的分析，努力寻找到此类产品的市场空隙和增长空间，然后再决定是否经营此类产品。

3. 自身网络覆盖状况

经销商的网络实力非常重要，要量力而行。一般而言，对于大众产品来说，如果自身的网络在本地市场已经全面铺开了，那么做大众产品或者流通类型产品，就更具有发展潜力和成功的把握，如果网络尚未建立起来，或者说网点建立是点状化和区域化，则经销特许经营的产品更利于自己资金的运作和能力的施展。

4. 消费者消费的价格结构

产品价格是最敏感的，虽然随着消费心理的变化，消费者所购买的产品不是最便宜的，而是“占便宜”的。但产品的价格也要根据消费者不同的消费水平进行划分。大众消费者喜欢的是物美价廉的产品，白领喜欢的是中等偏上价格的产品，而商业老板、公司高管、娱乐明星等往往对高价格产品一见钟情。经销商在选择产品时，可以依据当地市场的竞争状况和目标消费人群定位，来完成产品的最终选择。

三、企业运营实力的分析

1. 企业运营是否健康稳定

很多经销商都碰到过这样的例子：这边经销商刚回完款，产品刚刚铺到市场上，企业就因为种种原因发生了变化，如停产、破产等，迫使该品牌中途退出市场，经销商哭笑不得。所以，经销商在选择经销产品时，应该先对企业进行全方位地深入考察和对比分析，确定其运营是否健康稳定。比如要了解企业的性质是国企、外企、中外合资、私企等还是其他，需要“打破砂锅问到底”，若是国企，则信任度较高，但需要对公司的经营管理、产品研发、售后服务等进行甄别；若是外企，是大集团还是无名小卒，同样需要三思而后行，避免上当受骗，空欢喜一场；若是私企，要知道是个人企业还是朋友合股企业，了解老板的资金实力、经营历史、经营状况、为人处世等。

2. 拥有工厂还是产品 OEM

目前，无论是副食行业，还是家电、服装等行业，拥有 OEM 产品的企业比比皆是。那么，产品 OEM 的企业是否值得信任，经销商万万不能草率下结论。诚然，拥有工厂的企业可信度较高，但产品 OEM 的企业也有它的优势，最起码企业不需要花精力去管理工厂，只要把品质和设计监控好，便可以全力以赴地进行品牌推广，往往比一些有工厂的企业发展得更迅猛，这样的例子在社会上也很多。因此经销商在对企业考察时，要抓住问题的关键点，即企业的发展状况是怎样的，是否健康稳定地发展。

3. 企业的生产能力

企业的生产能力也决定着其能否抓住市场大好商机，企业的生产能力弱小势必造成市场断货，这就给竞争对手可乘之机，也就会把很好的商机拱手相让给竞争对手。断货只是表现之一，其原因有以下几个方面。一是企业小，生产能力不强；二是老板经常出差，一出去就是二三个月，没有他的签字不准下单生产，结果延误了商机；三是有些企业的生产管理流程不好，导致排单时间长，断货也就很自然了。显然，对于公司生产能力大小的考察，还需要经销商多角度去衡量。

4. 产品质量能否过硬

产品质量的好坏是企业的命脉，产品没有好的品质，再好的营销方式都只是昙花一现，一个好品质的产品可以逐步受到消费者的青睐，反之，将会达到“好事不出门，坏事传千里”的效果。事实上，无论是一线产品还是二线产品，首先要确保的就是产品质量要过硬，而这又是不少企业做得不够的地方。另外，在确保产品质量的同时，经销商还需要和企业谈好售后服务的事宜，该争取的就不要心软，免得到时追悔莫及。

5. 产品的研发能力

一个企业的产品研发能力决定着企业的发展方向，也是能否做大、做久的必要条件。如果企业的产品单一、研发能力不强、产品不适时推陈出新的话，被淘汰是迟早的事。因此，经销商在选择经销产品时，对企业的研发能力和市场信息捕捉能力要正确评估。同时要注意的是，如果公司的产品是“五彩缤纷”的，但无精品，更没有企业的特色产品，建议对此类企业“视而不见”为好。

6. 树立品牌还是模仿跟进

随着消费者的理性化，过去很多模仿跟进产品已逐步退出市场，比如模仿“康师傅”的“康帅傅”，模仿“双汇”的“双江”等产品，都已退出市场。过去消费者对品牌的认知度不是很高，购买产品时也不认真考虑，听店老板介绍就行了。而现在的消费者购买产品时，看的是生产日期、品牌等，这对于那些模仿产品而言，就堵住了出路。所以建议经销商不要去选择模仿跟进的产品，避免失去自己的经营信誉。要选择品牌纯正的产品。

7. 打造品牌还是“圈钱”

“圈钱!”每个行业中都有不少企业有过这方面的“良好表现”。这些企业投放的招商广告、展览会、展示美好的销售政策，还派业务经理进行市场开拓，目的就是为了“圈钱”。所表现出来的“形象”是：招商广告和销售人员把品牌塑造、产品推广、售后服务等很多方面都谈得极其美好。但实际情况是产品没特色、产品质量不过硬、不主动进行终端市场推广、售后服务条件规定极为苛刻等。而经销商进了“圈套”，企业在打了二三次款后，就慢慢地让其自生自灭了。这是企业的悲哀!企业没有积极向上的经营理念，就如“扶不起的阿斗”。经销商在选择经销产品时，对企业发展的考察一刻也松懈不得，把自己与一家有发展方向、积极向上、真正打造品牌的公司捆绑在一起，前景必将美好。

8. 知名品牌还是无名品牌

原则上，知名品牌好卖些，吻合市场需求的产品好卖些，品牌定位准确和推广方式恰当的产品好卖些。因此，经销商在选择产品时，要考虑到品牌的知名度、美誉度，产品的研发成果是不是符合市场需求，品牌塑造是否科学到位等方面，然后再根据本地市场的具体情况来做决定。

9. 特许经营还是网络流通

经销商选择特许经营模式时首先要对其品牌进行深入的考察，看其是否是有实力的知名品牌，因为特许经营的成功首先依赖的是品牌的强势，其次才是产品质量、服务、价格等方面的因素。而网络流通模式侧重于产品的质量和价格，倘若价格太高，“网络流通”是非常困难的，这违背了网络消费者的购买观念。

四、产品质量好坏的分析

产质量的好坏是显而易见的事情，是判断经销商是否选择到好产品的关键，更是体现一个商人对社会的责任感。

随着市场的细分、科技的进步，消费者的选择也丰富多样。如果您商店经营的都是一些劣质产品，出售之后隔三岔五地出现问题。久而久之，顾客也就不会在光临您的店铺了。而且，现今市场竞争如此激烈，顾客减少甚至意味着倒闭。

“诚信经营”是每个商人的宗旨，也是中国商人的经营之道。无论是一线产品还是二线产品，首先要确保的就是产品的优质，这样，才能真正实现“以顾客为导向，驰骋市场”。顾客是我们的上帝，那么请各位商家照顾好你们心中的“上帝”吧。

五、产品价格定位的分析

“产品价格太高了，我们怎么操作，而且还没有什么知名度，很难做啊！”这是经销商们一直以来面对的棘手问题。价格是产品销售的关键问题之一。合理的价格定位能促使产品销量飙升。

随着科技的进步，信息的飞速发展，产品已经进入同质化时代，很多商家为了避免成本上升，仅仅通过包装的形式、色彩、材质来区分产品的种类或者说产品的新旧。这样的产品势必会造成产品的价格与价值相背离。因此，经销商在选择产品时，不光要看产品的包装形式，还要看内在的品质，更重要的是，要分析本地市场的消费水平和消费特点，选择产品价格定位和包装定位比较吻合本地市场且能强势销售的产品，对于价格定位过高或包装定位相差过于悬殊的产品应该予以拒绝。

六、产品品牌影响力的分析

究竟是品牌经营还是终端渠道给我们创造了利润？这是经销商反复思考的问题。如果一个很强势的品牌，经营渠道再怎么庞大，也发挥不出它应有的效用，因为现在的品牌对终端消费有很大的影响力。但是，只有强的品牌，没有渠道也不行，渠道是分销的工具，没有渠道你的产品就不能达到终端，利润就无法实现。

现在的市场和消费者越来越回归理性，品牌对消费者的影响也越来越大，终端的认可更是非常重要。手中如果有一个强势的品牌，那么在市场上就有很大的号召力，你就很容易的获得很多终端，很多下游客户就会跟你走，而不必自己去经营庞大的终端体系。而且营销是将产品铺到终端，品牌传播是将产品铺到消费者的心里。品牌要实效传播的前提就是精准的品牌定位、富有创意的广告表现。品牌只有满足消费者需求才能打动消费者，产品才能真正实现销售。因此在经销商选择产品时，要考虑到品牌定位是否符合市场的需求，品牌塑造是否科学到位等，然后再根据本地市场的具体情况来做决定。

市场在发展，市场环境也在不断地发生变化。所以，作为经销商要跟上行业趋势，跟上厂家趋势。经销商应该通过多参加行业的会议，多阅读关于行业的营销书籍，多了解行业的发展趋势，才能在实践中不断地提高服务理念和提升管理水平。

七、经销商选产品的三大观念转变

（一）经销商选择代理心态转变

1. 排斥厂家招商

很多处于发展阶段的经销商，有了一些成绩，认为自己有产品卖，就对上门来的招商厂家不屑一顾，甚至将其轰出店门，仿佛厂家有求于他，最后白白丧失了很好的选择机会。我听过很多经销商告诉我，某某品牌以前找我代理，我没理他，结果现在卖得挺火，言谈之中流露出后悔。但是这个世界上哪有卖后悔药的呢？所以厂家招商和经销商选择代理，只是彼此给予对方一个选择的机会，而不是谁有求于谁。利用彼此的优势资源构建营销平台的机会，才能实现双方利润最大化，不管厂家与经销商的大与小，在这方面彼此之间是平等的。明智的经销商应该敞开心扉，虚心和厂家接洽，认真分析市场，看看能否有合作的空间，如果有合作空间，当果断决定代理；如果不能合作，也给厂家一个负责任的说法，礼貌地回绝。经销商盲目地排斥厂家，只能使自己逐步远离市场，成为市场上自高自大的孤家寡人，长此以往，将逐渐走向消亡。

2. 自己画地为牢

有很多经销商把自己定位为小食品经销商、白酒经销商、洗化用品经销商等，也不再考虑其他行业的商品代理。如果一个经销商在起步阶段，把自己定位为专业的代理商，是正确的，这可以做得又专、又精、又好。但当发展到一定程度，尤其是某类产品已经做到市场成熟，达到饱和状态的情况下，再固守原先的定位那就过时了。可以分析一下，如果某类产品做到市场深耕之后，同时又有不少经销商在经营其他新品牌的同类产品，那么其销量将很难上升，甚至会下滑，这种结果是可想而知的。

其实道理很浅显，在一定时期、一定区域内，某类商品的销售总量相对稳定，新代理一种同行业的新品，只是进行了一次市场消费量再分配，不会有整体销售量的提升，也就不可能有利润的提升。没有了利润经销商谈何发展？所以经销商发展到一定程度，就应适时调整战略，大胆创新，结合自身的资源优势和渠道优势，适度经销其他行业的产品，真正发挥资源优势，实现利益的最大化，提升盈利能力和利润水平。

3. 厂家不是名牌

“你们提供的商品不是名牌，很难做啊！”这是很多经销商对招商人员说得最多的一句话，表面上这句话并不是错误的，但仔细分析却有问题。如果是名牌产品，其在当地肯定已经有经销商了，正因为有经销商在运作市场了，所以才在本地市场成为名牌。凡是招商的企业（更换经销商除外），无论在外地是多么有名，但对于本地空白市场来说依然是新的产品。经销商应该清晰地知道，名牌是企业和经销商共同打造出来的，不是任何一方单独打造的，在未成为名牌产品之前，企业能够提供给经销商的是优质商品、品牌操作策略及营销推广方案等，而经销商最终决定是否合作，也是以这些作为参考依据的。所以经销商在选择产品时，要学会思考和分析，看看厂家的商品有没有市场机会、利润空间、品质保障、营销支持等，而不是一味地追求已经成名的产品。

4. 一味要求支持

有些经销商习惯狮子大开口，什么都向企业要，要政策支持、广告支持、产品支持、人员支持等，只要能想到的就张口要，不分析产品和市场空间。其实经销商不是不需要企业的支持，而是要根据市场的需求来寻求厂家的帮助。扪心自问，企业寻求经销商的合作，主要是厂商各取所长、避其所短，企业利用经销商在当地的渠道资源和终端优势，经销商利用企业的营销资源和营销支撑，共同合作实现“1 +1 >2”的市场效果，真正实现共赢。所以聪明的经销商不是一味地向厂家提要求，尤其是那些不合理的要求，而是仔细看一下自己能够做什么，做得怎么样。先确立恰当的定位再合作，如果不顾实际，只能丧失很多良好的合作机会。

（二）从经营视点到消费视点

一个好的产品应该是真正满足消费者需求的产品。产品通常由三部分组成，即产品的核心、包装和附加值，而这三个因素所对应的消费者需求则分别是使用需求、心理需求和潜在需求。由此可见，产品与需求之间存在着一一对应的关系。因此，一个好的产品，除了产品自身有好的品质、合适的包装、文化诉求和企业的良好服务理念外，更多的是要符合消费者的需求。

1. 有效的市场分析

对本地的市场渠道进行分析，除了要考察当地的人口、人均收入、经济环境、政治环境外，还要了解当地市场消费习惯、消费特性、消费心理、所选行业的特点及市场操作规则和方法。

2. 对消费特点深刻把握

中国地大物博，而且不同的地域有不同的风俗，文化也存在着差异，因此带来的消费特点也存在着地域差异。例如白酒行业，要结合当地市场的消费特点来分析。消费市场的类型是流通型市场还是消费型市场；消费习惯是整箱购买还是单瓶购买；消费香型是浓香、清香、酱香还是芝麻香等；消费度数是高度还是低度；包装颜色是红色还是其他等等消费特点都要考虑到。因此经销商选择产品时，必须对当地消费特点有深刻把握。

（三）从短期流行到发掘潜力

一个真正优秀的产品能够起到助推的作用，而短期流行的产品则可减缓经销商的发展。在发展初期，经销商都处在同一个起跑线上，有的抓住了当时的畅销产品，有的则抓住了有潜力的产品。抓住短期流行产品的经销商，之后没有给自己带来持续的利润，网络、渠道、团队也没有真正建立起来，即使经过了数年的发展，仍是一个小经销商。而注重挖掘有潜力产品的经销商看中的是产品长期流行趋势，这种趋势的把控才是判断产品能否盈利的关键，从而能走向成功。

经销商一般从三个方面来判断一个产品有没有潜力。

（1）**产品本身**。产品的本身包括产品的品牌影响力、产品的诉求点、产品的包装和产品的价格定位等能不能符合消费趋势。

（2）**企业**。有人说选产品就是选企业，因为对于企业来说，产品是孩子，而经销商就是学校，产品就是学校的学生。学生在学校的好与坏，不光靠学校的教育，更多是看家长的忠实度和配合度。所以看产品就是要看企业。在这方面经销商主要考察企业的实力、信用、发展状态、政策支持、营销的技术支持、市场管控力度及企业的配合度等。

（3）**自身需求**。经销商自身的需求不同，出发点不同，对潜力产品的要求就不同。如果为了提高自己公司的知名度和美誉度，那么就要选择名牌产品；如果为了分摊费用，就要选择能跑量或者有高利润的产品。

八、经销商选产品的五项基本原则

原则一：明确产品的目标消费群。

选择产品时，我们要清楚地解决三个问题：

首先是该产品卖给谁？明确产品的定位、价格档次等，针对的目标消费群是否准确。

其次是为什么买？你所面对的消费群体为什么要买该产品，产品的诉求点能否打动你的消费者。

最后是在哪儿买？这些消费群体习惯在哪里购买，购买的场所是哪里？

明确了这三个问题，就能确定该产品的目标消费群是否准确，如果是，产品的选择就走对了第一步。

原则二：产品在消费者心目中的迫切性。

消费者购买产品，从严格意义上来讲，并不是购买产品本身，而是购买产品所能给消费者带来的好处，也就是我们常说的产品的利益点。产品的利益点包罗万象，但利益点本身除了没有需求的产品和非用不可的被动消费型产品之外，其利益点的需求程度一般有三种，即迫切需要型、一般需要型、可有可无型。

迫切需要型是指所提供的利益点需求十分迫切，这种需求程度非常强烈，而这种迫切需求型与一般需求型有时很难清晰的界定。迫切需求型产品一般指能为消费者解决问题的产品。而一般需求型的产品就像女人的化妆品、男性的补肾类保健品等。可有可无型就是产品所提供的利益点对于消费者而言无足轻重，如市场的一些功能性饮料，就属于可有可无型产品。

所以，迫切需求型的产品是经销商的首选产品，只要方向正确，很容易启动市场，且付出的代价较少。一般需求型的产品也可选择，但要充分考虑选择产品的市场机会、价格定位、产品卖点等方面后综合决策。可有可无型的产品选择一定要慎重，最好不要黏上。

原则三：产品的心理属性和利益属性。

产品的心理属性有三种，即感性商品、理性商品以及介于感性与理性之间的商品。所谓感性商品，即消费者购买时的消费心态是不需要深思熟虑即可达成购买的商品，如饮料、小食品等价值较低的商品。所谓理性商品，即消费者在购买时很谨慎，需要深思熟虑才能做出购买决策的产品，如家电、汽车等价值较高的产品。介于感性与理性之间的产品，如一些特殊的功能性化妆品、保健品等。选择感性产品还是理性产品，关键要看企业自身实力以及该产品所处的行业阶段，再结合产品选择的其他几项原则综合考虑。

产品的利益属性就是判断该产品属于长线产品还是短线产品，如果是实力较小的公司，最好能选择短线的感性产品以获得原始资本的快速积累；如果是一个实力较强的公司，可以考虑一些长线的理性产品从容发展。

原则四：产品所处的行业阶段。

一般而言，一个行业的市场发展会经历以下几个时期：混沌期、启蒙期、跟风期、混战期、平定期。

混沌期就是本行业的市场推广与竞争都处于粗放式状态，大家的竞争意识普遍不强，无论是产品、包装、通路、价格、广告、品牌等都处于混沌状态。

所谓启蒙期，即有先知先觉的品牌意识到竞争对手普遍较粗放的巨大机会，开始从各方面整合产品和品牌资源。由于竞争对手普遍较弱，启蒙者系统化的市场推广迅速产生了巨大的效果，与竞争对手拉开了差距，获得了巨额的市场利益。

在启蒙者先期巨额市场利益的刺激下，大批竞争对手纷纷觉醒，开始强化竞争力，有计划有步骤的系统性推广，这个时候就进入了这个行业的跟风期。

由于跟风者越来越多，竞争越来越激烈，由此行业也进入了混战期。

经历了竞争之后，很多没有实力或运作不当的企业被淘汰出局，剩下几个行业领导者瓜分市场，由此行业进入了门槛较高的平定期。

所以在选择产品时一定要密切关注该产品所处的行业属于哪一个发展阶段，如处于混沌期与启蒙期，不着急，看准了再上；进入跟风期，要快速介入；一旦所选择的产品处于混战期或平定期，就要小心斟酌，如果冒然进入，很可能会血本无归。

原则五：产品的价格可比性。

产品的价格可比性是由行业的成熟度和消费者的认知程度来决定的。价格可比性明确的产品在市场推广非常困难，比如纯净水、方便面等产品，在消费者心目中就是这个价格，涨上一点就无法让消费者接受。而像一些休闲产品、白酒产品等，包装的形式多样，有时候价格稍涨一点或多涨一点也不会影响消费者的购买决策，因为没有同样的产品进行价格对比。所以选择一个无价格可比性的产品要比选择一个价格可比性比较明确的产品更容易推广。

第七章

如何正确地认识新产品

一、为什么总是被动接受新产品

我在企业里工作了近20年，跟经销商打交道后发现，经销商在新产品接受方面总是略显被动。

为什么说被动呢？第一，厂家有新产品推出来，经销商觉得不适合自己，主要原因有两个：第一，一方面不符合自己的市场需求；另一方面不符合自己的经营需求。第二，经销商着急想要的产品，厂家又生产不出来或者不愿生产，这也显得比较被动。为什么经销商总是被动地接受新产品？为什么厂家总是逼经销商推广新产品？

（一）新产品是厂家主导形成的

作为厂家，要实现企业的基业长青，必须有雄厚的产品研发团队，只有实现产品的推陈出新，才能满足消费者的需求，这样就形成了研发产品大都是厂家主导的实情。而厂家所推出的新产品是面对整体市场的，而不是针对某个个体市场的，且推出的新产品针对市场的目的也不同。所以经销商对行业的发展、个体市场现状和新品的目的等看不清楚，就会显得被动。

1. 三种类型的新产品

厂家研发新产品基于三方面的需求，第一是消费需求，第二是竞争环境，第三是市场发展。

研发消费性需求产品，是厂家为了培养消费群体，打造企业的品牌核心竞争力。对于竞争的需要，推出竞争性的产品，这要根据市场的竞争格局和竞争对手来判断。例如统一与康师傅较劲，升级产品做的速度比较快，形势也比较喜人。对于市场发展的需要，厂家培养新产品，是为了形成自己的市场主导地位。

因此，所有厂家推出的产品，都可以归结为三类：一类是策略型的短线产品，也就是我们通俗讲的“炮灰产品”；一类是竞争型的量化产品，叫主导代产品；一类是战略型的长线产品，是潜力产品。

2. 不同类型的新产品，有不一样的打法

策略型的短线产品是基于竞争研发的，都是改造出来的，没有新概念。因此，“他给你政策，你给他销量。”

对于竞争型的量化产品，我们面临的问题是什么？产品已经成熟，价格已经稳定，从厂家拿不到任何支持，也没有任何利润，天天见厂家的人就说不赚钱。当大家都不赚钱，都不想卖的时候，厂家发现主导产品的量在下滑，他要怎么办？要么改造，降克重、换包装，或者增加了一个新卖点，反正要把这个产品的销量提上去。

我们一般怎样推这种产品呢？比如，厂家会说：“我们改改包装，原来是 40 包，现在我们改成 38 包，原来是 80 克现在减少到 65 克，给你增加点利润空间。”等你答应了，厂家又开始给你画饼，就是达到多少量，才给你增加多少利润。

战略型的长线产品，一般都是有新的卖点，是新的品类，或者有一个更高的技术突破，都是需要长线培养的。而且一般都比原来的老产品价格高一截，或者说根本就不是一个层次的产品。那么这个时候你会面临什么？推广的压力。

做经销的风险无非来自两种：第一种是新品推广，第二种是老库存的推销。

战略型的长线产品推不好会造成很大压力，但是有些厂家也会承诺说：“这个产品卖不完公司负责给你处理，不管最后怎么样，不会让你受一点儿损失。”但是仔细想想，你把货送出去再收回来，浪费的是什么，会没有损失吗？

（二）新产品总不是你期望的产品

1. 新产品的价格都高了

新产品明显的标志是什么？是所有新推出的产品价格都比以前的高。为什么无论是产品升级还是替代，价格都提高了？

首先，中国的食品行业是利润比较低的行业。尤其是传统食品，如饼干、挂面、方便面等。这些传统食品的企业利润都很低，包括调味品企业也是如此。

目前方便面全行业处于亏本的状态。我儿子对我说：“以后咱家什么都不吃，就吃方便面。”我问为什么？他说：“你看厂家都赔钱卖了，这个东西肯定是最划算的。”我一想也有道理，人家都赔钱卖了，还不是最划算的吗？这说明了方便面附加值比较低。

其次，虽然农产品在这几年涨价涨得快，但相对于原料和工资成本，涨得并不多。

我刚做方便面的时候是 1996 年，那时候 50g 单量包卖 5 角，当时中国的小麦 3 角多一斤。现在 5 角一包的干脆面多少克？就 20 多克，克重减少了一倍。小麦的价格涨了多少倍？4 倍。

1996 年我们业务员的工资大概是 400 元的底薪，出差每天有 20 元左右补助。现在呢？恐怕没有 2000 元的底薪，厂家连最基层的业务员都招不到，出差补助每天最低是 80 元～100 元，翻了 5 倍。即使厂家压缩了成本，他也赚不了钱。

产品自身附加值低，价格整体上涨速度低于成本增加的速度，你觉得企业还有多高的利润？厂家为什么要提价？为什么中国总是不断地出现类似于三聚氰胺、瘦肉精等类似的食品安全事件？成本和利润是不容忽视的一个问题，因为只有通过价格升级，质量才能从根本上改变。

2. 想要的新产品总是没有

大家思考一下，为什么自己想要的新产品厂家总是没有？即使厂家在开发一个新产品前会去调研、沟通，什么包装，多大容量，出厂价多少，零售价多少，结果生产出来的产品跟当时沟通的还是不一样。原因是什么？因为升级型和发展型的产品都比市场需求快半拍，需要去培育市场。

二、如何主动接受新产品

厂家推新产品时，经销商如何能从被动走向主动？该如何主动接受新产品？

（一）从行业发展的角度认识新产品

厂家推出的新产品要从行业的角度来看。

比如，海天生产小小盐酱油的目的是什么？其实海天想传播一个概念："少吃盐对身体有益。"普通的酱油都是五六元一瓶，这个卖十几元，卖得比较贵，这是行业在往前走。像莲花味精推鸡精、双汇推调味品，他们为什么推这些产品？因为这是一种产品延伸。

因此，你要知道行业的市场需求。

为何有的产品卖得好，但厂家仍要停产？

大家一定要记住，只要有新产品出来，之前销售的产品就会慢慢退出市场，而对我们构成最大的威胁是什么？就是我们经常炫耀的一件事情。我们经常最炫耀某个产品在自己这片市场卖得非常好，而周边的几个县卖得不好，这是让你开心的事情，其实这也是最危险的事情。

当一个厂家的产品在其他市场卖得都不好，只在你这片市场卖得好时，意味着什么？意味着对你来说量最大，在厂家看来量太少的产品将逐步退出市场。“孤木难成林，”最终你会变得很危险。此时，厂商矛盾就开始了。你不停地给厂家打报告申请要货，厂家说：“我一次给你生产一万箱，你一次打款过来拉走，下次再要就没有了。”

为什么厂家要逼着我们不停地推广新产品？因为厂家会从他的角度来看问题，尤其是大企业变化得更快。从我们的角度看，就是发展的时候需要新产品。

（二）从市场规律来认识新产品

产品与市场的生命周期是一致的，销量与费用成正比，与价格成反比。

市场的一个基本规律就是销量向上走，价格往下走。大家困惑的两大问题是什么？倒价和窜货。厂家告诉你：“我们价格管得好，一定不让它降价。”千万别信，这是不可能的事情，销量往上走是因为促销才往上走，所以价格自然就会降下来。

另外，同行不同利。比如你认为这个产品一箱可以挣两元，但是有人认为一箱挣一元就够了。我们知道一般卖食品饮料都是通过摆摊卖的，大家能见到最多的就是店边店，像餐饮店旁边开一个烟酒店。以卖烟酒为主的店，副食饮料纯粹是搭配，所以店主有时候对价格无所谓。

一般大卖场靠什么吸引人气？特价。所以厂家不停地在卖场做活动，而特价对价格的杀伤力最大。你说我们这儿没有沃尔玛超市，但是别的地方有，人家到大卖场一看，价格就透明了。

市场的客观规律我们没有办法改变。在这种情况下，我们要靠新产品赚钱，新产品除了能够满足更高需求外，还能不断地改变利润。这时我们又会面临一种困境，就是上量的产品不赚钱，赚钱的产品没有量，总指望着新产品赚钱，就会“竹篮打水一场空”。因此，第一，我们一定要短期内把某一款产品推上去，这样才会有量；第二，要看厂家给的支持。

（三）新产品推广要成为常态

推新产品很正常，每年过年之后厂家都会推新产品。像饮料企业一般都是上半年研究新产品，有一些调味品企业会根据具体需求去推。膨化食品、休闲食品也是如此，每到年底，下一年的营销规划就出来了，厂家会提前规划好明年的整体产品结构，比如要研发哪些新产品。

其实大浪淘沙也好，市场发展也好，新产品的价值和意义都是由新产品引出来的。新产品打造的能力是核心能力，是经销商不能回避的问题。

1. 任何产品都有生命周期

王守义十三香一度是最经典的产品之一，因为它的产品线比较单一，就是植物调料，多少年过去了还是那个样子。在我印象当中，15年来王守义十三香的包装整体变动次数应该不超过三次。

康师傅的广告有句话是："红烧牛肉面就是这个味。"华龙有一次拍了一条讽刺康师傅的广告，说："康师傅牛肉面，老是一个味，该升级了。"因为康师傅"红烧牛肉面就是这个味"的广告一直在央视播出，十几年没变过。

2. 做好产品培训

未来竞争很激烈，新产品会越来越多。现在市场处于消费变化和转型阶段，新产品的更新速度会越来越快。有些经销商认为开始新产品是厂家的职责，有就卖，没有就不卖，被动地等待，对新产品的关注很少，如何变被动为主动?

一般新产品快上市的时候，厂家会组织培训会。我参加过经销商组织的业务培训，新产品来了，把业务人员叫到一起，厂家的人介绍新产品，解释为什么要出这个新产品，这个新产品怎么卖。业务人员都会提很多问题，如价格、促销力度等。

（四）把新产品推广能力视为核心能力

每年每家企业推的新产品都很多，但真正能成功的不多，成功率比较低。例如你卖一个牌子卖了七八年，发现这几年其实就只卖好了两种产品。新产品没少出，但是能够做成功的很少，卖得好的还是那些老产品。一组统计数据显示，中国每年新产品的存活率大概是3%。

那么为什么新产品的市场成功率比较低呢？从市场来看，一方面大家都愿意守着老产品，省事省心，对新产品的接受度比较弱。尤其销售队伍最愿意卖成熟产品，他们认为卖新产品费时费力，每次都得说明介绍。尽管在推新产品的时候，业务提成会比老产品高一些，但是他们不愿意这样做。另一方面，由于新产品市场接受度不高，需要一个推广过程，风险较大。不仅我们会考虑这些问题，销售队伍也会考虑这个问题，因此新产品市场接受度比较低。再好的新产品，再有潜力的产品在开始推行的时候都是困难的。

所以我们一定要有一个认识：**任何新产品的成功推广都是逼出来的。**

我印象比较深的就是六个核桃，刚开始的时候，六个核桃的销售很困难，我记得2009年的2月14日，我到养元（养元智汇饮品股份有限公司的简称）去给销售队伍做培训，当我讲完课后，他们的老总就跟我说："能不能帮我介绍几个客户？"那时养元还不是特别强，市场主要是在河北衡水周边的几个地级市，我打了5个经销商朋友的电话，有3个人直接拒绝，有2个人说试试，去厂家谈谈。这2个人，一个在地级市，现在一年能做到6千多万元，一个在县里边，一年做到2千多万元。另外3个经销商每次见到我，都说当时没有看到这个产品的趋势，没有卖，现在后悔得吐血。

当然，处在当时那个环境里也能理解。为什么？因为2008年六个核桃的销量在3亿元左右。那个时候是"南椰汁，北露露"的时代，椰树椰汁和承德杏仁露的规模都在10亿元左右。核桃乳饮品是新品类，没有人能够想到，它的销售额能够连续8年倍增，在2013年突破百亿元。还有娃哈哈，它推出小橙橙，大家对它的期盼就更高点，因为是品牌企业推出的，市场认为是一种创新。但是如果是小企业、不知名的企业做橘子皮饮料，估计有人会认为它有问题。

任何一个经销商的成长与成功，都是从一款新产品开始的。新产品是经销商起家的第一步，做生意开始成功的第一件事是做成功一款新产品，然后开始逐步打通网络，抛产品。

无法持续成功完成新产品的推广是我们面临的最大危险。这样新产品的失败意味着厂家发展速度将落后竞争对手半拍，一年内连续失败两次意味着这个品牌即将退市。因为一般情况下一家企业最多一年就研发两轮新产品，如果第一轮、第二轮都没有跟上，那么今年你可能会出现青黄不接的情况，别人都换了包装，换了新产品，结果你的还是老产品。所以，一年之内，如果你还没有完成一个新产品的成功推广，就意味着品牌主动性的丧失。

三、新产品失败的原因

（一）卖价格，拼低价

如果厂家简单地为产品加价，没有制订推广政策，尤其是对大户直接挪价，就容易造成新产品失败。现在厂家到大户那一谈，都说："我一年卖这么多，咱们签份协议，你的货直接给我就行了。"但是就算厂家可以控制最低价钱，但是有一个东西管不住，那就是量。大户签协议时会说今年要卖多少，最后实际上他一家独大，等你把货拉到网点的时候，他也不见得能做得好。

没有价格策略，没有规定最低价格，在价格战中就没有绝对的价格优势。例如"买三箱送五箱，本品直接搭本品"。一个新产品一上市就低价便宜卖，给消费者搭赠多少，很难明确。其实最容易导致你上量不赚钱的措施就是"本品搭赠品"促销。

（二）不清楚厂家推新产品的意图

1. 是长线产品还是短线产品

首先，要明白这个产品是长线型产品还是短线型产品。我们最容易陷入的误区是，厂家推一个短线产品，要快速上量，给你优惠政策，结果你按长线操作，等你培养差不多的时候它退市了。如果它是长线的战略型产品，需要一个推广周期，结果你说我的老产品不行了，这个产品我得赶快往上推，结果把所有的力度都用上，想在短期内爆发销量，结果怎么样？你既没有赚钱，销量在短期内也没有上来。

短线产品很容易看出来。一般它包装都不差，但就是把箱子换了换，把标签换了换，其他地方没有改。这一眼看过去你就该知道它是一个短线的产品。如果是短线产品，厂家上来给的就是最大力度，因为他要解决短期内上量的问题。

什么是长线产品呢？如果厂家的业务员跟你说了很长时间产品都没有出来，比如这个月说下个月出来，这一定是厂家努力去打造的一个升级的长线产品。厂家一般都不会在上市初期就把长线产品的力度用到最大，不会给你最大政策，他说政策已给得不少，但你别上当。

2. 流通市场为主还是终端市场为主

你要知道厂商是怎么想的，他出这个产品是以流通市场为主，还是做终端市场为主，一般长线的产品厂家都希望你前两轮做终端，短线的产品上来就让你放量，这是一个区分点。

3. 厂家这个产品研发到什么程度了

如果能知道厂家这种阶段性的研发规划，参与到他的研发过程中去，我认为是比较聪明的。经销商在参加厂家年度经销商会的时候，都特别注意看厂家的产品，比如今年他要规划哪些新产品等，重点产品是哪些产品等，做到心中就有数。

你参加完厂家的年度经销商会，或者说厂家把年度产品给你描述了之后，那些更加聪明的经销商怎么办？一看厂家今年的政策和规划并不好，他就要调整重点了。这就叫一叶知秋。什么意思？树上落下了一片树叶，你就要知道秋天快到了。经销商对待这个会议要有高敏感度。

（三）没关注厂家的重大变动

比如我们经常发现合作的厂家出现内部变动，如厂家换领导，整个队伍不稳定，有的是原班跳槽，有的是招了新队伍，这种混乱的时候肯定影响双方合作。这时还会出现政策不对接的情况，比如上一任快走，却不跟你说，还拼命地让你赶快拉货。结果他走了，奖金一拿，下一任接替的人都不知道他的上一任承诺了什么。

为什么我们跟厂家合作时总是被动呢？就是因为你没有关注厂家的变动，没有发现队伍又在调整，没有分析厂家的转向等。厂家经常过完年就大换班，换业务员，换主管经理，甚至换老总。大家想想厂家的市场意图是什么，就能发现他的规律。

厂商之间的合作矛盾，商家和厂家之间闹分手，特别是在产品卖得好的时候闹分手，是最危险的事情。

所以，我们要谨慎，要提高敏感度，关注厂家的重大变动。比如快到年底了，就要问厂家今年的总体情况怎么样，然后领导做得怎么样，是否有人事调整等。

（四）市场容量判断不准

在关注厂家重大变动的前提下，我们要提前进行市场运作，要知道厂家今年都出什么产品，什么时候推，大概有什么样的业务指导。那么，我们该如何才能成功推广产品？就是找到产品倒推。怎么倒推呢？如果是升级换代的产品，它的培养周期大约是6个月。一个新产品上市，前3个月都是推广期，你指望销量大或者它短期内爆发，可能性比较小。如果是改造性的产品，必须在3～6个月内把量做上去，这样才能赚到钱，满足厂家的要求。如果对自己的市场容量判断不准，那就困难了。

第八章

如何成功打造新产品

一、新产品上市的5个环节

怎样让新产品上市后在3~6个月内上量，这里有几个需要注意的节点。

1. 铺货

一般新产品在铺货期内，我们主要考虑两个因素，第一个是网点的数量，第二个是数量策略。

比如一个升级型的产品，第一轮铺货要选择多少个网点？不是所有的网点都适合推新产品，一般情况下，只在30%~40%网点铺，甚至是20%~30%。厂家每出一款升级型的高端产品，都会说一定要有高铺货率，一定要有高能见度，一定要做好终端。那么为了避免风险，你怎么办呢？选出你最优秀的网点。

一般情况下，升级型产品的网点适合率为30%~40%，换代的、改造型的产品可以大规模的铺货。

除了网点选择外，新产品出来还会遇到“撒胡椒面式”的铺货。如果我有300个网点，升级型的产品只铺50个，这50个网点第一个月都动销之后，第二次铺货的时候再增加50个。当这100个都卖得火的时候，再在其他地方推，但难的是什么？撒胡椒面。撒完之后没了结果，因为有些经销商没有推广力度，所以他只能跟着跑。

经常有这种经销商，推个新产品给他，他从来都没有卖力推行过，经常退换、调货，当他发现别人卖得好的货后，就会跟风。实践证明，适合推升级型产品的网点最多是30%。

有一些分销商专打新产品挣政策，有的分销商纯粹就是为了跟风。刚开始让他卖的时候，说服他很难，但是等你的产品稍微有眉目之后，他就天天给你打电话，专门跟着走。所以对于渠道来说，抓住30%的核心网点就决定了新产品的生死。

推广期让核心网点动销，这是最关键的。尤其是现在这个时候，铺货不是大问题，关键是动销问题，那么怎么能够让核心网点在推广期产生动销？

新产品成功运作的30箱原理

有一次给一个厂家新产品做调研，我们发现一个问题，就是他第一批产品大概投放了30个市场，结果有二十多个市场情况都不行，最严重的是有几个市场根本不动，却有一个市场拉了七八千箱，而且还一直在进货。

我觉得挺奇怪，于是就先去这个市场。见到这个经销商，我问他："听说你这卖得好，我们来学习一下经验。"他一听说来学经验，非常高兴。我问："这个产品怎么样，有什么缺陷吗？"他说："没有"。我说："你觉得包装怎么样，大家喜欢吗？"他回答："还喜欢，包装挺好。"我又问："价格怎么样？"他说："零售价也可以。"

最后，我问："你是怎么推广的？"他说："我就一条经验，叫30箱原理。其他市场是5箱、10箱的订，因为是新产品，所以大家都比较谨慎，不敢压很多货。别人只要能接我30箱的，我就都铺，不能接、不敢接的一律不铺。"

这里面什么道理呢？他说："新产品上市，每个人都是5箱、10箱的，给大户10箱太少了，给小户10箱又接不了。我把业务员叫过来开会，让他们分析分析，看他们区有几个客户适合卖，最后一算，50家，但是首批得接30箱。"

业务说少铺点，怕分销商担心，但是这个经销商老板说："如果5箱、10箱地去铺货，很难形成市场力度，必须一次30箱。你的任务就是把30箱分出去，把钱收回来。"

一个门市卸了10箱货，其他经销商的货一来就往上一堆，结果根本找不到你的产品，在市场根本没有曝光的机会。因为是大门市，老板自己有时都找不到货在哪。如果是30箱，放在门市会很显眼，别人的货来了根本就挡不住，反而能挡住别人的。

一次卖30箱很费劲，要做很多说服工作。分销商接完30箱货，肯定会把它当成主要产品，向客户主推。

2. 推广

一般产品不动销，怎么办？促销。还不动销呢？加大促销力度。要是再不动销呢？继续促销。其实促销未必是让产品动销的唯一办法。

我碰到一家企业，就只铺一个产品，宣传单写的挺好玩的："一箱赠1.8升色拉油一桶，两箱赠1.8升色拉油两桶，三箱赠1.8升色拉油三桶。"老板见了之后跟我说："杨老师，你看我这个方案多好，这个新产品大家接得少，网点密度大，曝光度高，所以才这么卖。"我就问他："你是主做终端，还是主做分销？如果你对准终端零售户，那些小户还可以，才一箱，但如果大户要50箱怎么办？"促销政策太僵化，不是让人觉得占便宜，而是卖便宜，这也是一大误区。

推广期的动销不在于终端，而在于开端，开始铺货的时候就已经决定了产品是否动销。

经销商三箱五箱地铺货，根本就没准备让分销商卖。

一次做市场研究，遇到一个分销商曾说："你们都是做营销的，都是专家，我跟你们诉诉苦。"我说："你有什么苦啊？你十几年前做生意的时候，天天跑到县里去拉货，人家还不给你，现在多享福啊，都是他们送到你门市上来给你放好，你不想给现金，打个条就行了。"

总经销商觉得没有比二批商更幸福的经销商了，不用到处奔波，不用冒风险，不用做什么，守着门市就行了。二批商最大的幸福是什么？自己家的房子不用交房租。

然而一个二批商跟我说："你不明白，我苦。"我问他苦在哪里？他说："苦在汽车尾气，每天来给我送货的车不少于40辆，到这一刹车，后面全是灰尘，你说我烦不烦。”所以我们要告诉业务员、送货人员，要有礼貌，讲求细节。其实管理就在于细节，最早海尔不就是用“一个鞋套、不抽你的烟、不喝你的茶”感动顾客的吗。

一天有 40 多辆车卸货，卸的货还找得着吗？所以很多时候新产品铺完就找不着了，终端动销在开端就死了。

为什么绿箭口香糖和棒棒糖卖得好？因为它们放在柜台上，随手就能拿得到。二批商每天不停地辨别促销政策，这家说力度最大，那家来了也说力度最大。这个厂家说：“新政策，10 箱送 3 箱。”刚接 10 箱，后面的厂家就说：“10 箱送 5 箱。”

所以二批商最讨厌听见什么？第一是“降价了”，第二是“促销力度加大了”。而我们的业务员恰恰就爱这么说。促销力度大了，又降价了，意味着他也只能跟着走，赚不到钱，尤其是中小户。所以推广期的动销在于什么？在于开端。

3. 补货

那么，新产品运作时要如何做好补货期的推广工作？

一定要弄明白补货期的政策是什么。比如不同类型网点的促销策略，大户怎么做促销，商超渠道怎么做促销，批发零售点怎么做促销，社区店怎么做促销。

不同的补货期，促销策略是不一样的。比如卖场的需求是便宜，促销策略就是捆绑。我见过一个经销商，自己印了很多塑料袋，上面有自己商店的名字，让小超市免费给顾客使用。塑料袋天天挂在收银台，顾客拿一个袋子就会想起你。

新产品推广期，铺货是基础，补货是关键，补不上货即意味着退出市场。

4. 压货

如何做好压货期的工作？

大家最讨厌听见“压货”这两个字，因为我们都被厂家压怕了。比如铺货期过了，推广能完成让核心网点动销的目标，而市场的爆发增长是靠压货压出来的。那么在压货的时候要使用什么样的策略呢？一般情况，一个新产品上市 3 个月之后，厂家往往会在第 4 个月和第 5 个月出台一种量化政策逼着分销商推广。

给大分销商怎么压货？娃哈哈在每年的 11 月 11 日年度经销商会上要求经销商打保证金，打年度回款，经销商打完款之后，娃哈哈就做纯净水促销，“买三送一”。

有个经销商跟我说：“我很高兴，一次进了 600 万元的纯净水，送了我 200 万元的水。一过年，我两个月就挣了 200 万元了。假如我拿 50 万元做促销，正常来说我还能挣 150 万元。”首先，厂家的压货政策中到底谁占了便宜？刚开始经销商觉得占了 200 万元的便宜，但别的厂家再发货的时候你还有 600 万元吗？你的资金是不是被占了？其次，所有的资金都只能压在一种水上，你有没有看到其他的产品？比如你一次挣了 200 万元，最后厂家还有没有政策，剩下的就得亏空了，平时利润就很少，这样全年算下来挣了多少钱。如果倒过来看，你还能接其他厂家的产品吗？

为什么要走大分销商的政策呢？为什么要减压呢？

我们一定要学会组织、利用通路的资源，其实市场不是压出来的，我们一直认为市场是做出来的，做终端、做分销、做通路，实际上那是基础，真正一个新产品在推广期之后，是靠大户领着往前走的。

5. 分销

经过整合之后产品成长了，成长之后要面临什么问题？一是价格，二是矛盾。什么矛盾呢？比如刚开始的时候经销商在一个地方做分销，过一段时间销售情况转好之后，就会有分销商说，要么下调这个产品的价格，要么在这个地方让我独占，否则不干。

产品刚开始上市的时候谁都不卖，你费了很大力气，通过推广、市场运作提高了动销量，结果渠道商说这个市场要归他。那么到底该如何对网点进行重新整合？谁卖谁不卖？开始推产品的时候，是终端分销一块做的，畅销之后到底是以终端为主还是以分销为主呢？如果是区域分销，一定要做到量化政策考核。如果是区域分销畅销，那动销之后，你怎么办？压力再大，不能让价格一步到位，所有的力度用在差价加砍低价，量化政策。

尤其是做快消品的，终端量比较大，划算吗？费用的使用有效果吗？什么新产品适合做终端？还有一种情况是衰退的产品快不行了，已经满足不了大户。做分销以量为导向，价格不能一步到位，做终端就是在成长，往上走的时候再去做终端。那么被困在终端怎么办？

要保持渠道结构的合理性，如何抓住分销商？

刚开始成长的时候，可以让分销商、区域分销或终端同时并存，对大户有大户的政策，对小户有小户的政策，但是还要有大户和小户之间的政策。一般同一个区域内，让一个分销商负责送货。有时候一个区域内的分销商并不能控制所有的终端网，那怎么办？有一种比较好的做法是将我送的量算作他的销量，他享受奖励政策。

乡镇一级的分销商拿货很难，怎么办呢？镇街道由我们直控，把他当成分销商，其他大户当作终端商，但是他不能阻止我送。这个乡镇有30个门市，你只把产品给一家门市，就算他卖得非常好，但你认为划算吗？你丢掉了十几个客户。

正确的做法是，这个客户你给特殊政策，但是其他客户你也去送，因为人家不会从你手里面接货，你送不进去。如何能够避免一家卖了别人不能卖的情况？为了保持产品的形象，你可以帮他在这个镇上卸货，其他货是以我的名义来卸货的，这才是保持渠道最稳定的方法，但往往我们可能会损失一个街道的客户。

二、新产品如何制订价格策略

1. 新产品如何定价

我们对新产品运作的时候要注意几个核心关键点，第一就是价格。一般情况下，有两种定价办法，一种是托底定，跟谁定呢？定给分销商，我给你的价格是一步到位的。还有一种定价办法是高价高送，就是把价格差扩大一点，促销力度加大一点。

对大户使用托底定价的方法，只要完成量就能享受政策，一般采用差价加奖励方法；对小户基本上是采取高价高出方法，比如我给大户的价格是 10 元，给小户的价格可能是 12 元。大户可能还会减掉两三角的返利，可能最后就剩 8 元了。也就是说给小户是 12 元，大户是 8 元，而你可以给小户很多正常的促销政策。

价格空间和市场空间成正比，我们往往对价格空间设定过小，觉得其他人的产品都是以差不多的价格经销的。一个新产品要设定好价格体系，设置好价格空间。

对价格政策和推广计划进行摸底性测试。

厂家的产品到了某个市场之后会完全按照厂家的通用价格去走，厂家说他是大品牌，不临时调整价格，规定就是这样。

一般经销商把产品拉过来，定价往往是大家一起商量出来的。其实最有效的办法是什么？按计划执行定价政策和促销方案，老板平时可能不下市场，但新产品到的时候，一定要去看看产品，做个测试，找几个客户谈谈，问问产品价格怎么样，什么利润合适，客户可以赚多少等问题。

一般情况下，价格都是分销商根据厂家的指导，然后凭自己的感觉确定价格政策、促销推广价格。其实这种办法是盲打，真正有效的方法是先讨论出大概的结果，然后到市场一线去和分销商、终端商沟通，问问价格、问问促销价格。价格是测试出来的，这才是以市场为导向。

现在我们是把产品拉回来，几个人坐在一起商量，没有经过检验，这就是为什么很多价格政策和促销政策都落不了地的原因。

2. 如何正确把握产品价格原理

我在暑假做过实验，请高校大学生来做两种测试。第一种测试是推销毛巾，价格有4元的、8元的、10元的，结果我们发现买8元毛巾的人占了87%，买10元毛巾的人占了6%。

后来我研究有品牌和没品牌的毛巾，哪种价格更重要，让大学生问顾客："您听说过毛巾品牌吗？"一般回答没有。

第二种测试是我雇100个学生到商业街去推销三种牙膏。我告诉学生，推销的时候什么都不说，有人问了就这么回答："A牙膏含中草药，价格是3.8元，B牙膏有美白功效，价格是5元，C牙膏是国家保密配方，价格是26元。"最后的结果是什么？C牙膏卖得最多，而A牙膏卖得最少。

原因是什么？当产品没有品牌的时候，消费者会用价格来选择产品，当有品牌的时候，消费者会用品类来选择。看品牌，B品牌比C品牌要好，但为什么C品牌牙膏卖得更好呢？因为它单价高。

消费者不是想买便宜的商品，消费者是想买能占便宜的产品，那什么东西会让他觉得占了便宜呢？

产品的功能会让他觉得占便宜。推销的时候，有人问C牙膏是什么配方，回答说是国家保密配方，不知道。问有什么作用，回答说要是牙龈出血、上火、发炎，刷两次就好了，结果卖得最多。所以消费者要占的便宜一定是物超所值的便宜。

在价格的基础上，消费者占促销的便宜，比如买一瓶饮料送两支口香糖。

新产品价格总是比老产品的价格高，能不能卖便宜点？不可能。为什么？因为新产品刚上市，消费者连它的定价都不知道，他怎么知道价格便宜了？产品价格已经透明了再便宜，消费者肯定会知道。所以我们在做促销方案、动销方案的时候，主要想的是如何让消费者觉得占了便宜，而不是通过价格去卖便宜。

市场上销售最好的商品绝对不是最便宜的商品，而是表现最活跃的产品。

什么叫表现最活跃的产品？一种是经常有活动的产品，我们现在不是已经习惯产品天天有活动，活动不停吗？低价的产品往往是一阵风，一阵风吹过就没有了，产品靠价格优势，冲过一轮就没有了，那更多的是靠什么？靠高活跃程度的促销。

3. 价格管理是市场管理的核心

一个方便面企业的营销总监给他的一个经销商市场支持的案例，答应一箱给 3 角钱的阶段性促销利润，说了一上午，我仔细一算，利润也就 2400 元。

等我们从客户那出来，我就跟这个营销总监开玩笑说："我听了一上午，你们绕来绕去都在围着 3 角钱的利润绕，一共 2400 元，你用得着费那么大劲去绕吗？"一箱再给 3 角钱的利润，支持三次货，共 8000 箱，最后也就 2400 元，那这 8000 箱卖了之后怎么办呢？还继续供货吗？

所以，有时候我觉得经销商很难，辛辛苦苦把市场做起来之后，价格也透明了。有价格空间才会有市场空间，一种产品价格走穿之时就是它退市之时。

但是因为现在物流发达、信息发达，窜货和流货的情况非常多，所以没有办法禁止。我看到过可口可乐公司查处过一件窜货事件，从内蒙古自治区倒货到江苏省，一车 6000 多箱大可乐。6000 箱货能赚多少钱？一箱货大概挣不到一元。

4. 定价是个心理问题

价格问题是个心理问题，根本不存在绝对的价格优势，也没有绝对的价格优势。

分销商知道哪一类商品在市场卖得最便宜吗？卖得最便宜的往往都是卖得最差的。我希望大家明白，价格就是卖“占便宜”，而不是卖绝对的便宜，市场没有绝对的低价格。

我们要通过产品把价格卖出去，而不是通过促销把产品卖出去。我们过去有什么误区？为什么价格走穿？因为我们总是挖空心思想出一个促销品，或者是算出一个合理的促销力度，通过自己少挣把产品卖出去。新产品上市第一轮卖的就是客情关系，而不是促销，很多人往往将第一轮铺货当成卖促销，其实不是。

新产品出来后，最科学的铺货办法是什么？选出 30% 的优秀网点，逐个说服。补货的时候再加大力度，这个时候促销才会起作用。

渠道商关心价格的主要目的是好卖与否，这是批发部、商超、零售网点唯一关心的。而消费者关心的是价钱，关心的是价格和价值之间的关系，所以卖便宜是打不动消费者的，而卖“占便宜”才能打动消费者。实际上通路商也不关心产品是贵还是便宜，他担心的是跟其他产品相比时，怕你的产品卖不出去。

5. 如何拿到厂家最好的政策支持

市场经济的本质是“会哭的孩子有奶吃”，要学会给厂家信心，要争取成为厂家的样板市场，这是从厂家拿到新品推广政策最好的途径，也最容易成功。

有一些朋友说：“我非常讨厌跟厂家拉关系，我可以靠我的市场能力。”但是你要有积极的态度，争取成为样板市场，做到最好。

对于新产品，厂家连样板都给了，你再不成功就说明你的能力有问题。

（1）接受量化坎级政策。一般情况下，厂家所使用的政策和我们对底下客户的政策是一样的，都是一刀切，所以我们要明白接受量化政策意味着什么，要表达怎样一种信息。

（2）邀请领导在现场指导。推了两轮产品之后，要争取让厂家老总过来看看市场，邀请领导现场指导。领导现场指导会有两个推动作用：第一是推动工作往前走，第二是帮助你解决困难。有一个经销商因为产品推得特别好，要补货，结果厂家供应很紧张，等了七八天也没有货。好不容易把新产品推好了，结果没货，一直断货怎么办？因为规定不允许越级沟通，所以他直接给厂家老板编辑了一条短信，说明自己的需求，并请他过来看看市场，厂家老板就来了。

厂家老板来了之后问经销商推得怎么样，回答说推得很好。厂家老板又问最近怎么样，厂家业务员就小声地说最近没货。厂家老板扭头就问："没货怎么不打电话，没货跟我说，我直接给你要过来。"最后直接连发三车货。

所以要想获得竞争，获得发展，有时候运用一下策略是必要的。就算有困难，也不能跟领导说困难，那位经销商要是打电话说："你来吧，我都没货了。"厂家老板一定都不会来。

为什么？因为厂家老板接的全是要货的电话，突然收到"我这里推得还挺好，但有问题要请教请教"的短信，跑过去，这就是策略。只跟他提困难有什么用呢？

和气生财，策略也生财。有时候想解决问题就要想一些办法。厂家开新品培训会，你要去参加，态度要积极一点，会上多发言，多传递信息，努力成为样板市场，这样当你有困难时，厂家会乐意过去帮你解决困难。

我们争取厂家的政策有几个要点，但大家只要明白一点：只要你还想做这个产品，只要你觉得这个产品还赚钱，就不要跟钱斗气，无论厂家出现什么样的人事变动，都没有太大的关系，谁来了都一样，把自己的市场做好是最重要的。

三、新产品如何制订促销策略

（一）常见的促销方式

常见的促销方式有终端促销、政策型促销和促销品促销。

终端促销一般以奖品的形式进行，分销一般以政策型促销为主，如奖励或返利政策。在现在这种市场环境下，仅有终端和分销不行，还要考虑消费者，因此我们要问，消费者促销问题到底是商家责任还是厂家责任?

消费者促销是厂家要考虑的，厂家是主要责任人。如果厂家在开发新产品时就没有想到在消费者环节做点什么，忽视了消费拉动，这本身就是新产品运作的极大失败。

某种意义上，衡量一个产品好不好，要看厂家有没有想到消费者。不管厂家说产品有多好，价格空间有多大，利润有多高，只要他没谈到消费层面，我认为不能称之为一个好产品，因为一个真正的产品在被研发前，厂家就要分析消费者为什么会买，对消费者有什么拉动等问题。

避免促销政策“一刀切”或者“撒胡椒面”，要实施定制促销策略。

当大家都流行开订货会的时候，安徽阜阳的李老板却不开订货会，他的促销都是他本人上门一个个谈出来的。

他每年会免费组织两次客户旅游、两次联谊会，他不像其他厂家那样，客户要了多少箱货才能享受免费旅游，他认为厂家和客户之间除了生意合作之外，还有感情。

（二）一户一策的定制型促销

我在义乌有个客户，他的小商品种类有5000多种，我们仅有十几种产品都管的乱糟糟的，他这么多怎么管？分类，适当借助管理工具，发货的时候不考虑政策价格。

比如，你给访店人员一个像银行 POS 机那样的机器，他走到每个门市问一问，只要输入纯净水 5 箱，确认一下，后台就知道门市补了什么货，订货单自动生成，再输入客户代码，价格自动在互联网上显示出来。

这个义乌客户有 12 万个下线客户，因为他做的是全国市场。

我问他 12 万个下线网点怎么管，他说归类，分为 ABCD 这 4 类客户，总经销级、分销商级、批零商级和零售商级。因为价格不一样，给几万个客户打电话，经常记不住，所以他让客户报上自己的户名，然后他只要输入客户名称点“送货”，后台就能自动算账。因此我们要借助一些管理工具，到时，访店人员只管访店，送货的就只管送货。

我们的流程也要改进，要向做小商品的经销商学学，5000 多种商品，5000 多个价格定位，再乘以 4 类客户，是 2 万个价格体系。比如一瓶胶水 4 个价格，卖给总经销商是 1.5 元，卖给分销商是 1.6 元，卖给批零商是 1.7 元，卖给零售商是 1.8 元。他用后台电脑自动分类，后台一输，价格就出来了。

实际上做市场还是很简单的，只要有人买，有人卖。为什么后来我们挖空心思想出很多促销方法呢？因为我们忘了自己的产品优势在哪里。

其实，消费者有一个最基本的判断标准，就是“一分钱一分货”。既然如此，就应该有一个价格策略。有些产品标价为 9.8 元，实际上是把握了人的心理接受价格。传统的观念都认为低价好卖，价格是竞争的利器，实际上有价格空间才有市场空间，如果没有价格空间，根本就不会有市场空间。

做食品我觉得很难，利润比较少。有一次我跟着一个方便面企业的营销总监去调研市场，一到客户那，客户就说有几个品种进不了货。为什么？因为根本就没有利润。活动结束之后，终端价值及渠道流转的价格体系无法恢复活动之前的价格体系。

经销商普遍认为，促销是以实物奖品的形式开展的，不会损害价格体系，其实，这是一个极大的误区，也是经销商的一厢情愿。因为渠道商也是扣除奖品或者搭赠再核算底价的。

你本来卖 10 元一包，买十送一，打九折。促销原本是让他赚钱的，结果他没有赚，直接给折到底价了，等你再恢复价格的时候为时已晚。

（三）如何防止新产品的推广风险

1. 要求厂家给予退货保证

新合作的厂家、新接的品牌要让厂家做出退货保证。一般老品牌不用这么做，因为它的新产品都有售后保障，没有太多的问题，你不会有太大的损失。新产品、新接的厂家必须做到这一条，如果合同没有提及这一条，宁肯不做，因为厂家自己都没有底气。

现在推广新产品就是拼命，就是看谁的力度大，看谁的促销形式新颖。

前面讲一个渠道商一天接 40 多辆车，每天接 40 多个品种。我们为了推广新产品，选保质期比较长的产品制订了一个政策。比如每包我给经销商 8 角钱，零售价为 1 元，挣 2 角钱的利润，没有任何促销，但是要签一份保证书，内容是“三个月之内货卖不出去，以每包 1. 2 元的价格退货”。

没有促销政策怎么办呢？没关系，承诺增值回购就行。这里肯定要考虑保质期的因素，经销商要根据保质期制订回购的期限。

上述的模式，是我们观峰咨询在国内首创的“存售营销模式”，也就是变销售为存售，变推广促销为增值回购的逆向思维模式，这在保质期较长的白酒，茶叶等领域得到广泛的应用。

2. 要求厂家给你制订现款现货的促销力度

厂家有义务协助你完成新品推广，如果厂家仅仅是给你一个光杆产品，没有任何相关的配套推广方法，是没有意义的。从厂家的角度讲，要么是短线产品，要么是厂家考虑不周。真正的好产品一眼就能看出来，因为它整个体系非常规范。

（四）新产品成功上市的几个关键点

经销商要牢牢抓住新产品成功上市的几个核心环节。

第一，全面评估新产品的比较竞争优势和消费定位。

有人认为新产品在研发的时候，厂家什么都已经做好了，自己直接按照厂家的要求推广就行了，这是一种错误的想法。因为厂家研发产品，肯定不是针对你的具体市场研发的，而是根据几个市场的消费需求研发的，当你接到这个新产品时，你要重新评估这个产品，评估它的比较竞争优势是什么。

比如最初很火的乐百氏纯净水现在市场上为什么见得少了？有些产品不是根据你的具体市场来定的，所以经销商拿到新产品后一定要进行市场评估，找比较竞争优势。比如在邯郸，康师傅水的主要竞争对手是娃哈哈，而在邢台，康师傅水的竞争对手可能是其他品牌。厂家可以假设行业竞争对手，但是不能假设每个具体市场的竞争对手。

第二，重新评估产品与市场的紧密程度，实现产品与市场的无缝化运作。

新产品上市之后，面临的具体对手是谁？怎样找到它的比较优势？有时候厂家给的指导策略并不适应你的市场，原因在于他是按照整个行业和整体市场来考虑竞争对手的，而你的市场是具体的竞争对手。

比如香飘飘和格瓦斯，经销商将商业区、学校和景区作为重点市场来推，很少有人推向农村市场。在具体的产品上，我们要结合自己的实际情况，而不是考虑厂家的指导，因为厂家给的指导是宏观的，不是针对你的市场制订的。

另外，要重新评估、确定我们的策略。我们把新产品拿回来之后，如果发现产品不太适合我们的市场，就要调整。

（五）如何组织实施新产品上市发布会

开新产品发布会既能重新梳理下客情关系，又给新产品上市营造一种氛围。

有次出差的时候，我刚到酒店就看见从大堂走出来很多人，每人骑一辆自行车，后座上捆了一箱酒。我问这是在干什么，他们说在开酒的订货会。

我说："怎么看着像自行车订货会，都是新自行车。"然后我拉住一个人问："这箱酒多少钱？"他说："480 元一箱，买一箱送一辆折叠自行车。"

我问："折叠自行车多少钱？"他说两百多元。

我观察了一会儿，拦住了一个开会的分销商。

他说："你有事吗？"

我说："想问问，你是来看订货会的吗？"他说是。

我说："开酒的订货会？"

他说："对。"

我说："这酒多少钱啊？"

他说："480 元还送一辆自行车。"

我说："你不觉得这是羊毛出在羊身上吗？你不知道这是加价的结果吗？难道来这里的人都不知道吗？"

他说："都知道。"

我好奇："都知道你们为什么要接受呢？"

他说："你想一想，我们买一箱酒，回去总能卖出去，卖出去之后，还能给小孩一辆折叠自行车，我认为占了便宜。"

新产品发布会大概有三种策略，一是营造氛围，二是维护客情关系，三是发布政策。

过去非常流行开订货会，后来不开了，为什么？因为后面的政策全是定制的，都是一个一个谈出来的。所以，将来我们也要做到一点是一户一政策。

（六）新产品如何做促销

促销就是变相降价，羊毛出在羊身上。通常我们做促销都会碰到这种情况，只要新产品上来，订个促销政策都能卖出去，当我们撤了促销，情况就不行了，于是我们加大促销，发现也卖不动。这时再重新按照原来的促销力度推行，也走不动了。

问题出在两个方面。第一我们把产品简单地压给通路，第二我们不知道消费者关注的是什么。消费者促销和通路政策有什么区别？消费者促销是增值促销，通路促销是利益促销，或者叫利润促销。

比如你买了我的东西，我给你搭一个小产品，也就是说，对消费者促销肯定是通过奖品，不能打折。而渠道促销肯定是量和利润的结合，常用的是返利。

四、新产品如何做好终端推广

有关团队激励，有一句话是“把业务当成客户”，把业务员当成一个渠道环节，也就是拿他当客户。推新产品的时候，发现企业业务队伍激励不够，怎么办？要把业务队伍当成一批客户。

厂家拿出那么大的力度推新产品，给通路返利奖励，而业务员一箱只给他多加五角钱，他没什么动力。如果新产品第一轮只做终端，更要把团队当作分销商，考虑激励。我们把大量的促销费用都用在了渠道上，不能因为员工的问题失去力量。

在新产品推广的时候，多给自己团队一些费用，他们的积极性就会提高很多，会把说服工作做好。为什么有些新产品推广不好？因为还没出门就已经失败了，厂家给的激励不足以激励员工，不足以让员工动心，所以员工也不好好卖。

新产品推广如果从厂家拿不到最大的利润，怎么办？要有积极的心态，什么意思呢？跟厂家讲条件、讲困难、要给一点“阳光”。

（一）新品终端推广的六字方针

营销只有起点没有终点，作为营销人，尤其是一线营销人，思考这一问题应该是沉重的。营销工作是系统性的从方向到方法的组合体，涉及具体营销工作就有轮回性、阶段性的整体概念。比如新市场开发、新产品推广就是这样，因为“营销哪得清如许，唯有源头回货来”。

新市场开发和新品推广工作是否成功，源头的二批、终端零售通过重复性购买实现循环进货，回货即是标志。新市场或新产品实现的回货绝不是简单的二次进货，因为回货是消费者对产品认可并初步建立品牌忠诚，二批、终端对企业及企业产品接受并充满信心的结果。

对实现新市场、新产品源头回货，提出以下六个步骤工作，供大家参考。

第一步：选

所谓选就是确定方向和对象，无论是新市场开发还是新产品推广都必须通过市场定位、市场选择、细分消费群和细分产品，进而对渠道及网点设置定位。因为营销工作某种意义上说就是通过渠道将合适的产品送到消费者的手中实现消费。

实际工作中，营销人员总是在新市场开发、新产品推广上做着简单又重复的表面性工作。一是将新市场开发或新产品推广等同于日常销售工作，以简单的铺货、卖货实现数字性销量为主，没有意识到新市场开发或新产品推广工作就是在播种，只有看到苗芽出土，地面返青才是播种的成功；二是没有认识到新市场开发、新产品推广的最大阻力和障碍，缺少对这些工作做到位的本质性理解，为日后的幸福埋下祸根；三是对消费与产品、产品与渠道的结合点、匹配度缺少研究，没有认真思考什么样的消费群体适合什么样的产品，什么样的产品能满足特定个性消费群。一支产品走遍天下的时代早已一去不回，万能产品的神话也不会出现，实现细分才是新市场开发、新产品推广成功的基础，因为产品和市场从大众走向分众是一种无法阻挡的趋势。

怎样才能将“选”做到位？

(1) 深入研究市场环境并从市场个性特征中找出机会。

(2) 对消费群细分并总结不同层面消费群的个性、地域性特征。

(3) 做好产品分析和定位，对产品自身使命和产品承载的市场使命能正确认识并实现有效结合。

(4) 将渠道分类，并结合具体的产品进行渠道选择，杜绝所谓的拉网式铺货，实现“好种子播进良田”的营销行为。

第二步：定

“定”就是确定渠道设置并实现定点销售；根据具体销售点的推广和销售能力确定首次接货数量；对销售点实行分类别或分级别管理。

渠道设置就是选准适合产品的流转渠道，或能实现产品流转的渠道，做到定点销售，对于新市场或新产品来说，遍地开花未必是好事，只有选准渠道才能让产品与消费实现对接，才能实现第一次购买。同时，无论是新市场开发还是新产品推广，撬开消费者的嘴让消费者实现第一次消费并产生良好的第一印象，也是工作的核心。相反，避免出现“好种子撒在沙漠里”或“良田种差种子”的现象，才不会破坏市场及产品资源或者给消费者留下不好的企业及企业产品印象。

为了实现追踪管理，对定点销售的网点必须实行监控式管理，加强市场的客户回访、产品陈列、政策宣讲、销售技巧等工作。

正确的做好第二步，要做好以下几个方面的工作。

(1) 深入了解具体市场的渠道分布、渠道类别并找出适合具体产品的渠道资源。

(2) 对所选择具体销售点的所处位置、营业状况、推广能力、销售能力进行统计、分析。

（3）对实现上货的网点根据综合评价划分级别并做到分级管理。

（4）制订市场拜访计划、产品陈列标准、销售点销售技巧培训辅导方案，实现引导期的全过程监控式管理。

第三步：培

“培”就是对相关人员培训所推广产品的产品知识、推荐介绍技巧；利用宣传、促销方式对目标消费群进行产品认知教育、消费引导；培育销售点的产品销售环境和销售氛围。

现实中，这方面工作存在主要问题如下：一是营销决策者或管理者非常重视产品的推广培训，忽略了对所培训知识的传导，想当然地认为只要自己的人员懂了，销售点的销售者也就懂了。事实不然，因为积极的营销人员缺少传导意识或能力，只会自己埋头苦干；消极者则把培训的内容视同过眼云烟，丢得一干二净。二是一线营销人员或因为认识不到新市场开发或新产品推广的培育工作重要性、必要性；或太现实主义而缺少耐性不屑去做产品、消费、销售点的培育工作。殊不知，这些工作都是为新市场或新产品注入能量，只有不断地聚集能量，才能不断地释放能量，提升销量。

做好上述工作，要在以下几个方面下功夫。

（1）对销售点相关人员做好沟通和培训，重点做好产品推广知识和推广技巧，并描画发展前景增强大家的信心。

（2）针对目标消费群制订“一对一”宣传、促销活动。

（3）做好销售点的产品陈列和宣传。

第四步：诱

“诱”是诱导、诱惑，通过具体的方法和策略来完成对销售点推荐介绍产品的热情和欲望。落实了销售者对本品经销的忠诚度，完成产品回转后回货就是水到渠成的事了。

现实中，一线营销人员往往只是简单地铺货，认为铺出去就行了，将铺货看成一锤交易，介绍产品时不着边际，承诺政策时却敢给你个太阳。最终，销售点因为介绍推荐产品时抓不住核心要点，没法实现产品出手，对企业和企业的产品开始怀疑，最后处理产品自认倒霉的情景也是常见的，请问，这样能回货吗？

怎样诱导销售点出货并实现回货呢？

（1）制订阶段性或坎级性奖励政策，用额外利益捆牢销售点。

（2）协议销售，以书面的形式确立对方的长期利益。

（3）根据所诱导、拉动的对象不同，制订明确的诱导计划。

（4）加大对消费者实现一次购买的引导，集中突破消费者的认知、认可教育。

第五步：控

所谓控是指完成布点、播种后对销售点、销售点的销售进度和过程中遇到的难题进行控制，运用调整、调控的手段实行保点保苗式的过程管理。

现实中，大多数营销人员将新市场、新产品的开发推广工作视同一般的销售工作，一是简单卖货，没有将产品知识、产品卖点、销售技巧灌输给销售点的销售人员并依此树立销售者的信心，进而建立初步的客情关系；二是盲目促销，缺少明确的对象和应有的手段，将新市场、新产品的推广期促销视同正常销售时期的促销，事实上，新市场、新产品的上市促销应该是以实现出售为主，不是单纯的实现接货，因为新产品、新市场推广期最大的难题不是接货，而是接货后销售点如何出售或者说让消费者实现第一次购买；三是简单卖货，卸货、收款、走人，由于新市场或者新产品实现正常的销售是一个持续的过程，这个过程是持续改变产品宣导、消费认知、销售推广的过程，没有这些必然的过程想完成新市场、新产品的成功营销是不可能的。

怎样做到有效地控制工作呢？

（1）正确认识和开展新市场、新产品的营销工作，制订正确的营销方案，这个方案必须是有别于一般营销工作的方案。

（2）将新市场、新产品营销看成一个持续的过程，并重点做好引导工作。

（3）做好销售点跟踪管理，对销售过程中出现阻力，尤其是消费认知阻力要及时解决。

（4）集中人力、物力、财力为消费认知、一次购买和销售点出库服务。

第六步：持

所谓持是坚持、持久。新市场、新产品的前期营销必须强调营销人员的工作精神和工作毅力。

在新市场、新产品的营销中，不缺少正确的营销方案，但缺少对待此项工作的正确认识。事实上，这恰恰会导致以下几种问题的出现。一是对新市场、新产品的工作缺少本身的特性认识，将这项工作视为一般性工作，不深究；二是将新市场、新产品的营销工作看得过于“实惠”，甚至简单地采取交易式营销；三是求功心切，将推广量视为销售量，也就是净销量，认为只要货出去了就是消化了，当二次补货受阻时才发现通路上出现了“肠梗塞”式的“腹痛”“胃胀”，最后只剩下市场人员来打扫战场。

“持”是咬紧牙关实现新市场、新产品成功回货的最后一关，关系到整体工作能否真正成功。但要想成功，必须做好以下几个方面。

（1）要灌输“先播种后收获”的工作理念，打一场攻坚战、持久战。

（2）在营销管理上要以工作量为考核指标，不以具体的销售额和销售量为衡量指标。

（3）企业和企业的营销管理者要树立投资的经营意识，因为新市场、新产品工作本身就是一种投资性的经营工作。

（二）经销商如何培养创新思维

实际上，许多同样问题的解决方案是不一样的，而很多不同方法的最终路径是一样的。

不要被动地接受新产品，要主动分析。未来随着消费升级和市场竞争加剧，新产品会越来越多，而新产品的生命周期会越来越短。

新产品上市过程中有一些基本环节要提到。为什么会有很多新产品不动销？一般有三个原因，第一个是胎死腹中，就是这个产品在研发阶段就已经死了，第二个是一厢情愿，你自己认为有很多卖点，但是在市场上站不住脚，第三个是闭门造车。

（三）如何利用软客情做到“不战而胜”

给大家讲一个例子，原来我们公司有一个员工是独生子，20 世纪 80 年代初的人。我们公司的很多员工都买了房子，但他不买，他说我最终是要回到老家去的，原因是因为他是独生子女，要照顾老人。2009 年，他说大哥我要走了，他父母做了手术，年纪大了，我要回去照顾我的父母。我问他回去能做什么，他说我准备回去找两个产品代理，之后在家照顾父母。

我说咱们兄弟一场，大哥给你策划一下，算是回报吧。

他一个在外面跑业务，跑了十多年，他只有市场经验，回到家里零起步，创业难不难？确实不容易。

创业肯定要找房子，找仓库，找产品，买车，再雇人，这是正常的程序。或者是先出去找产品，找了产品之后回家找房子，打款，拉货。我没有让他这么做，我给他说了一个办法，三大步成功。

第一步，回家之后，天天开车到终端网点，到分销商的地方转圈，转圈有一套标准语言：“大哥、大叔、嫂子，我是本地的，在外面跑了十多年了，现在回来照顾父母。我想做点生意，看看我们这个地方，什么生意好做，什么产品好卖。”跑上一个半月，你跟每个门市都成了好朋友。

他感动了别的分销商，赢得了大家的同情，很多人就给他出主意，告诉他什么好做，什么厂家好。这一个半月，为未来铺平了路。大家回去检验你的业务员也是这样，我们终端客情怎么检查？6 米打招呼，3

米能说话，1 米能进屋坐下来，这是标准。

经销商应该如何检查下属员工对渠道商的客情关系？

6 米打招呼，3 米能说话，进门能坐下。只要你的业务员能做到这种水平，说明客情就做得很好，如果不是这样的就不行。所以我检验这个年轻员工转的效果时，就跟着他走，走到每一家店，我们都远远地站着，对方看见了，和我们打招呼，说："小刘你还在这儿转呢，你的产品什么时候拉回来啊。"我对他说可以接触厂家了，但其实在这之前，他的工作已经开始了。

我让他把选择的四个厂家的产品全部拿回来，拿回来之后装样品，一样发十几箱样品，逐个让对方看，问对方行不行，如果不行，就再去找。这样又走了一个月。第二轮我又跟他去转的时候，我发现开始有人催他："孩子你别瞎转了，赶紧弄吧，生意是边干边学的，你肯定也不容易，有什么产品就拉过来吧。"

中秋节前，我对他说你可以从厂家进货了，为什么？因为我走了大概 40 个门市，有终端，也有小门市，也有批发大一点的，结果他们都愿意同他合作，所有人基本都达到了这样的水平，这就可以从厂家要货了。

我又对他说，快到中秋节了，你去山西买两吨石榴。买了石榴之后，你再到黄河边拉点鱼回来，送给每个门市。

因为他在门店转了两个半月了，自然就走入了市场，直到现在都做得挺好。现在，他一年能做几千万。

现在我们做的促销都是硬促销，下线客户觉得没有占便宜，没有赚钱。有的下线客户跟你合作了很多年，关系就已经淡了，只是个纯粹的合作。所以我们说为什么软客情大于硬促销，平时一滴水，难时太平洋。

做生意不能太现实，要把工夫花在平时，改变传统买卖式促销的方式，要多增加平时的感情联络。我做得很好，谁家有事，谁有什么需要帮忙我都干，你要记住，你当总经销商这么做了，别人也会这么做。

（四）如何制订网点开发计划

要对客户进行分类，主要分三大类，就是一般的、重点的、最后再找到核心客户30%。你要重点研究这30%的政策和价格。

我们先划分出来这个范围，才能考虑网点开发的计划，所以大家一定要考虑方式。现在的政策是一户一策定出来的，而不是一刀切完成的。所以新产品的促销方案要做到一户一策，逐个分析，比如我们先做的这个客户分析，第一他能要多少，第二再说我们有什么样的政策，如果说你的业务员告诉你，说他一次大概能接50箱，那么你就问问80箱需要什么政策，做做研究。

新产品来了，把业务交给片区，说这是个新产品，谁适合卖，然后陈述说什么样的政策能接多少，一户一策来定。

中国的文字很有意思，制订促销方案和定制促销方案完全是两回事。定制促销方案指的什么意思，一户一策，我们做了研究，不是采取一刀切的政策去研究的，也不是关着门去做的。

五、新产品如何制订渠道策略

在新产品铺货的时候，我们往往会走上广种多收的路。

我去过新疆，那是棉花的核心产区。河北也种棉花，一般的棉花是怎么种的呢？是打一个像煤球一样的东西，把棉花放在上面，然后栽种一般都拉开两尺，我们大部分地方是这样种棉花的。

那么新疆棉花怎么种呢？新疆种棉花好像种小麦，它是撒出来的，不分株，不分棵，一个挨一个。新疆的棉花很低很矮，每年到收获时候的时候，你看到的棉花就像下了雪一样，它特别矮，但长得比我们的小麦还多。刚开始我不明白，我就问他们为什么要这么种？他们说我们的土不足够肥沃，雨水也不够，所以我们的棉花品种是小棵的。

他说，你们那个地方的水土好，一棵能结很多。他那个地方只有靠棵数多，才能结更多。后来我分析了一个道理，这和做市场是一样的，产品是大众产品，相当于消费者多，像种地一样，你的土地比较肥沃，就可以选择流通空间大的。如果你的产品是高端产品，消费群就不多，属于细分产品只有靠密布的网点，才能有大的收获。所以，一个地方的地理条件不一样，所用方法也就不一样，广种多收是一种思路。

另一种方法是渠道接力赛。有的市场比较大，对于比较大的市场一个人是跑不过来的，要靠环境实地操作。有一个分销商，他所在的县一共三十多个乡，一百多万人，他每年从县城里面开车跑到最远的销售网点。我告诉他，你就在最远的乡镇选一个中转库，找一个分销商。

我们能否把渠道设成几个环节，取决于你的市场覆盖。面积小的地方要精耕，把网点覆盖到最低程度，根本不用设分销商。面积小靠精耕，就要渠道环节减少到最少才能做。初期的工程就要这么做，靠的就是精耕，在渠道设点上根据市场来规划渠道环节和渠道布店问题。

（一）第一轮如何正确铺货

首先，追求存活率。什么叫存活率？其实就是动销。

其次，追求占有率，追求绝对铺货率的过程中要考虑很多难点。

市场占有率是什么意思呢？比如说这个商超一周能卖十箱水，那我的水能卖三箱，你的占有率是多少？30%。如果占有率能达到 50%，你就是这个市场的最高占有率，就是网点的最高占有率。我们过去盲目追求铺货率而忽视存活率，动销问题就会联动产生。

深度分销的理论实践者和应用者包政老师说过，深度分销已经过时了，把产品铺到终端，摆到货架上，你才做了 1% 的工作，99% 的工作都还没有做。因为对于现在的市场运作来说，操作市场把产品摆到货架上不是很难的事情，难的是动起来。为什么许多新产品上市期铺货铺得很好，但是最后没有成功？我们最常碰见的现象是什么？就是这个产品铺得非常好，结果最后产品还是失败了。经过实践研究，新产品进入市场铺货只是个基础。补货才是关键，补不上货意味着退出市场，也就是说你第一轮铺多少家网点，铺多出多少箱不是最关键的，最核心的，最关键的是你第一轮能够培养出多少动销网点，就是成活的网点，这才是最重要的检验指标。

第一轮铺了两百家，一个月后补货的还剩 50 家，再后来就剩 30 家，这就是做减法。什么叫做加法？哪怕第一轮我只铺了 30 家，这 30 家动销之后，我再陆续地往前铺，做 30 家、50 家、100 家……这样我的网点慢慢就活起来了。

举个例子，我家屋后栽了一棵树，我经常出差，七八天回去一次，每次回去我都会看看树还活着没有。要想检验这棵树活没活，最直接的办法就是抠一抠树皮，或者是折一个小树枝，看看它是不是绿的，看看有没有活的迹象。所以我每一次回去都抠一下树皮，抠完之后看见它活着再把它摁上。有几次家人提醒我不要再抠了，再这样下去你就把它抠死了。

这就像我们推新产品，业务总是问上次送的新产品卖得怎么样？网点回答说没动，反映不好。再过几天业务又问怎么样，他就这样反复说卖不动。实际上新产品大部分都不是卖死的，是说死的。

（二）分解厂家的铺货政策

我有一个正确的办法。产品刚上市时，厂家给的推广力度比较大。

如果那么厂家给你一百个网点的陈列，而我的有效网点和核心客户达不到 100 家怎么办？那我就用 50 家，但把力度加大一倍，先把这 50 个网点做开，然后再逐步往下走。我们要学会分解厂家给的政策，厂家的政策是估算的，不是精准的。我加大力度，用你 100 家的力度做好 50 家，我要用我上市期的力度把它铺开。

经销商总是在担心新产品上市就滞销，怕压住了，卖不动然后退货，其实这是一个误区。新产品往往是“撒胡椒面”，都铺三箱、五箱，最后把它撒死了，没有一个人真心给你卖，没有一个人将其当成主营产品卖。

（三）新产品铺货注意事项

我们往往特别重视铺货，结果管理却跟不上。我们去送货的时候，说这个产品 20 元一箱，十箱搭一箱，你就按照 23 元一箱卖就行了，搭一箱是我给你的政策。

你觉得你说明白了吗？我们做过测试，新产品铺货第一轮时，80% 的二批都记不住价格和政策，我们只有在回访的时候再强调。

我们跟踪一百个经销商后发现，80% 的通路没有记住价格，70% 的通路找不到货。很多乡镇的经销商虽然都采用了超市的布局，但仓库里面的东西依然不少。

我们做了两轮研究，从 100 多个市场的专项市场调研发现，第一轮能记住你铺过新产品的网点占了 50% 。什么产品都想不起来，更不用问产品的政策。而且，很多新产品送到网点后就找不到了。这就是为什么我们要加强终端管理，加强终端排面，很多时候细节决定成败，这就是细节。

我们铺货都很认真，要求很严，但铺完就没人管了。一个新产品铺到一个网点，前一个礼拜决定你的生死，如果你的维护，你的客情，你的回访跟不上。他记不住什么价格政策，就算他记住了，货也找不着。

第一轮铺货选核心的网点，一次多铺点，让这个产品成为他的经营重点、经营核心，他天天想到这个事情。能见度高，他又非常重视，价格政策明白，你一次给他三五十箱他肯定会重视。这就是“30 件”的道理。

铺货是基础，补货是关键，补不上货就容易做死。

铺货的力度太大，同样的力度也补不上货，这样就退出市场了。

所以，新产品进入新市场，上市铺货是基础，但补货决定成败，而不是铺货决定成败。

（四）铺货后的推广很关键

怎么样才能把货补进去呢？

你的回访决定你的渠道维护。我们的业务人员天天忙着送货卖货，为他的提成奔波，他没有那么大的工夫给网点耐心地讲。为什么我说我们新产品铺货的时候要有奖励政策，把业务当客户，就是这个道理。把业务当客户是为什么呢？就是他有足够的关注度。

你可以告诉业务，新产品铺货可以提5元，但你有退货政策吗？所以，推广是关键，我们现在大部分人都能想到如何把产品摆好，但如果摆好就能卖好，那你也把做市场想得太简单了，让顾客买到第一次后，还能持续买三次以上，这个产品就动销了。如果你第一次铺的30家核心网点都能够实现连续进货，就说明持续购买实现了。

大家追求精耕细作，追求动销的目的是终端之后的推广，推广的时代到了。深度分销，渠道为王，终端制胜已经十几年了，一种理论不可能用一百年，任何理论脱离具体的环境都会成为一种错误，一种谬误。所以说推广是关键，补货期就是在做推广。

（五）做好内部公关

对于新产品推广而言，我们要把员工当顾客，做到两件事。第一个是重奖之。什么意思呢？我们在算价格的时候就要先算好有哪些是属于员工的。第二个是榜样的力量，什么叫榜样的力量？这次新产品推广中，除了给业务加大提成之外，我们还要总结评先。我们要评出来冠军队，多发一次奖励，让他们有展示的机会，这样你才能对得起你的队伍。

你要在这个时候，做内部团队的公关。内部团队如何产生凝聚力？新产品上市的时候一般都不是旺季，新产品上市的时候，还有另外一些产品会对它产生冲击。

旺销的产品提成多，业务能拿很多收入，这个时候让他推新产品很难。只有做好内部的公关，推新产品时，才用得上力。

另外，我们为什么要谈组织结构，一般业务采取市场划片，或是采取品种划片，怎么分并不重要，重要的是，我们要把指标分完，没有偏心或者遗漏。

延伸阅读1

如何和终端建立良好关系

有一个故事讲得特别好，有一个使者考察地狱和天堂。

他到地狱的时候发现，被罚到这里的人，一个个饿得面黄肌瘦，每天非常痛苦。地狱里不给他们吃吗？不，有吃的，问题是他们手里的勺子太难用了。每个人手里都拿着一把一米长的勺子，尽管勺子里装满了食物，但却怎么也放不到自己的嘴里。所以，地狱里的人越想吃到东西，内心就越受煎熬，形色枯槁，面黄肌瘦。

这个使者又来到天堂。他看到天堂里每一个人都红光满面，精神焕发。他觉得天堂的日子这么好啊。但是他又看到天堂里的人吃的食物跟地狱没什么区别，每个人手里拿的也是一把一米长的勺子。

为什么天堂里的人能够那么和美欢畅呢？有一个奥秘。天堂里的人用长勺子互相喂别人食物，而地狱里的人是用长勺子往自己的嘴里喂，不会合作，所以永远挨饿。

现在的人压力非常大，非常浮躁。有一次我见一个经销商朋友，他看上去比较憔悴，我问：“你怎么了？”他说：“我现在压力特别大，经常失眠，睡不着觉。”

我说：“你刚开始做经销商的时候，只是一个小摊，现在做了一二十年生意了，你缺吃吗？不缺。你缺穿吗？不缺，为什么你还天天这么忧虑？就是什么都放不开。”

他说：“你看看，我新盖的房子，平时都是保姆带着小孩住。我们天天组织下线客户员工出去旅游，我一次也没有去过。”

我说：“为什么你不去呢？”

他说：“他们闲的时候是我最忙的时候，他们忙的时候我也闲不住。有时候真的不想干了。”

我说：“要学会合作，学会心态平衡。我们要有平和之心，要有包容之心，不要去嫉妒，不要轻易生气。”

做生意赚钱天经地义，但没有开放的心态，就会让天堂变成地狱

有两户邻居，因为琐事出现过摩擦，彼此也不说话，关系不太好。

其中一户的人家碰到了上帝，上帝对他说：“我满足你一个愿望，你要什么就给你什么，但是有一个条件是，你要一样，你对面的邻居会是两样。”

上帝走后，他挖空心思：我要一栋楼，对面的邻居就会有两栋；我要一辆车，他家就会有两辆；我要一千万元，他家就会有两千万元。他越想越生气，三天没有睡着觉。

最后上帝过来问他：“你想好了吗？你要点什么？”他说：“你抠掉我一只眼吧，这样，邻居就被抠掉两只眼了。”

延伸阅读 2

深度分销结束，推广时代到来

深度分销理论是中国人民大学博士生导师、教授包政先生从日本引进并最早在中国应用的营销理论，这个理论影响中国营销近 20 年。深度分销的经典解释就是“渠道为王，终端制胜”。

TCL 打败长虹靠的就是深度分销，把做快消品的方法用到了家

电上。来自河南的经销商应该明白，深度分销在河南用得比较多的就是金星啤酒和奥克啤酒，两者在郑州打了七年，金星也没有打败奥克。

不久前，我跟包政老师交流，他就说深度分销已经过时了，因为市场的大背景变了。现在并不是你做了渠道，把产品卖出去就解决了问题，重要的是如何实现持续购买，也就是当前经销商非常关心一个问题：终端动销。

随着市场发展，我们最早做分销，后来做终端，让消费者方便买，乐意买，但突然发现，已经把货铺到最终端了，又碰到了另外的问题，什么问题呢？终端滞销的问题。

正如包政老师讲的，深度分销是他自己引进的理论，在中国创造了很多营销传奇，但是现在这个理论已经过时了。你再去拼命地做渠道，做网点，已经不能适应当前的市场了。

那么终端之后我们做什么？终端之后做推广。纯粹以市场的铺货率为导向的年代已经过去了，任何一个理论都有它的时效性。

正如包老师给我说的另一番话，他说你想想，现在物资发达，各行各业都是供大于求，消费者不再对产品本身的核心价值产生需求，或者说单纯的产品核心价值已经很难满足消费需求。在消费从生存型走向享受型的时代，消费者更挑剔了。

渠道动销，一定不是唯一的促销，但是我们现在市场一律都在做促销。尽管少不了促销，全靠促销解决动销就可以吗？

我经常说，促销可以买到短期的销量，但买不回可持续的市场。因为促销一停，量就下来了，这是最大的困境。我们现在靠促销做出来的市场很脆弱，促销上量之日就是价格走穿之时，这是我们所面临的一个大问题。

第三部分

渠道分类管理与终端动销

过去20年，流通渠道是市场的核心主渠道，整个渠道是纵向的，就是我们通俗讲的一级商（也叫总经销商）、二级商（也叫分销商）和三级商（也叫批零商，或者终端商）。

现在，渠道发生了两个显著的变化。

一是渠道终端化，渠道的结构级别扁平化。在互联网、移动互联网及物流、电商的大趋势下，渠道扁平化趋势已经不可逆转，甚至有人断言，在移动互联网和电商时代，渠道未来一定会消失，无渠道时代的顾客数据库营销时代已经到来。

二是渠道从纵向单一化转变为横向复合多元化。我们应该很清楚，传统的主渠道正逐步被分割，当今的渠道特点是碎片化、社区化。过去我们很少研究渠道定位和渠道策略，而现在运作市场，我们必须研究渠道定位和渠道策略。

在横向复合多元化的渠道时代，厂商普遍出现了渠道迷茫和困惑，面对形象色色的渠道，觉得什么渠道都能卖货，但什么渠道都不上量，不知道该把产品卖到什么地方。

横向复合多元化的渠道时代，市场运作的思路和模式发生了本质性的变化，因为渠道的类型多了，但是不同类型渠道的功能也不一样了，我们把渠道分三类，即形象渠道、推广渠道和销量渠道。不同的渠道功能决定渠道策略，过去是产品“一当一万”，现在是产品“一万当一”。

通过上述分析，大家已经不难明白，为什么从2013年以来，我们听到频次最多的词是：动销。

动销已经是市场的主题，对于经销商而言，铺货已经不是问题，动销成为让经销商困惑最大的问题，为什么？

在过去纵向单一化的主渠道时代，我们历经了从商品短缺到商品丰富，然后是价格、质量、成本、品牌及资本等不同阶段的竞争。这个时期，渠道运作的核心是解决消费者“方便买、乐得买”的问题。

现在是横向复合多元化的渠道时代，物质极大丰富，消费从生存型走向了享受型。市场运作的核心不再是简单地铺货和维持市场能见度，而是推广，通俗地讲，就是“撬开消费者的嘴”。

过去20年是渠道纵向一体化的时代，我们遵循了深度分销理论，在“渠道为王，终端制胜”的指导下，实现了市场运作的极大成功。正如深度分销理论的创始人，人民大学商学院博士生导师、教授包政先生讲的一样，任何一个理论都有生命周期，随着市场环境的变化，深度分销时代也已经过去。

现在和很远的未来是横向复合多元化渠道时代，我们认为，终端之后是推广，推广时代已经到来。顾客为王的时代，消费者拥有极大的选择权，消费者会用手中的钞票为你的商品投票。

因此我们说，成功铺货和展示陈列对于成功的市场而言，只做了1%，剩下99%的工作是撬开消费者的嘴，也就是实现顾客首次购买、二次购买和三次购买。

只有撬开消费者的嘴，才解决动销的问题。这不仅是营销和市场运作重点的转变，更是重大难题，因为对于厂商而言，躺着赚钱的时代已经结束了。

第九章

市场竞争的发展趋势

一、什么叫市场

当今社会物质丰富了，各行各业都出现了产能过剩、供大于求的市场供需局面。所以，现在经销商普遍反映的市场问题就是终端不动销。

那么，怎样来解决终端动销问题呢？前面我已经提到了，其实赢在终端就是赢在开端。只要解决好开端，终端自然就不是问题。

穿衣系扣，假如第一个纽扣系错了，下面往往没有一个能系对。你要解决终端动销问题，只有做好铺货、推广、补货和压货四个步骤，才能保证终端动销的有效性。

从前根本不存在动销问题，那时候是计划经济时代，买东西要拿着购物票。记得小时候我家里第一台电视机是 1992 年买的，叫熊猫牌彩色电视机。是我父亲托了好几层关系才买回来的。

我们开门店、搞批发、去配送、做开发等是做市场。那么什么叫市场呢？从狭义上来讲，市场是商品交换的场所。从广义上来讲，市场是由那些具有特定需求或欲望，愿意并能够通过交换来满足这些需求或欲望的全部顾客所构成的。换句话说，市场就是供给和需求的综合体。在这里大家应该思考一个问题，按照市场的角度来划分，经销商属于中间商，生产企业属于供应商，消费者属于需求方。综合以上所述，可以对市场笼统定义为：为了满足某种特定的需求和欲望而购买或准备购买某种特定商品的消费群体。

最早的市场是怎么形成的呢？那个时候没有货币，也没有钱，要以物易物，以商品换商品。稍微上岁数的人都知道，过去有集市，每天人们都在这里以物换物，换取自己所需的生活品。再往前看，社会曾出现过几次社会大分工，社会分工促进了生产的发展，提高了生产效率，就有了日益增多剩余产品的出现，自然而然就产生了直接为交换的商品生产。由于交换的发展，从社会中分离出一个不从事生产而只从事交换的群体——商人。他们专门从事商品的交换工作，不直接参与生产，是连接供应和需求的中间环节。过去是以物易物，可现在社会的流行周期又转回来了，偶尔也会出现一部分以物易物的形式。

给大家讲一个例子。我有个同学在一家电视台门口开了一家连锁饭店，做中式快餐，不是特别大。他弟弟管理这家店，并一直很想买辆车，但是没有钱。有一天他弟弟见到我问："能帮我找一辆车吗？"我说："我教你一个办法，你的店对面就是电视台，工作人员加一起 400 多人，都在你这里吃饭，你去找广告部主任说：'我给你的员工一次办 20 万元的餐费储值卡，不要钱，但要电视台的广告时间，每天给我 15 秒，连续给 2 个月。'然后你用广告时间去 4S 店换一辆 20 万元的车，4S 店能不换吗？"

实际上，这个例子说明一个问题："学会资源转化。"不要总想着自己是卖产品赚差价的，其实我们是做服务的服务商。

二、做市场到底是做什么

什么叫做市场？做市场就是借助渠道，为需求方提供产品，更方便地满足消费需求。大家仔细想一想，会发现市场有三个重要元素分别是产品、渠道、需求，经销商是中间商、是渠道方、是连接产品和需求的中间纽带。有时大家都很担心，电商的崛起、KA 卖场的兴起会把批发商吃掉。大家有这种忧虑也是可以理解的，毕竟电商、KA 卖场对批发环节有一定冲击，但过度忧虑是没有必要的。因为目前社会分工越来越细，批发商、商贸公司等只要能够把渠道牢牢地抓在手中，能够尽可能地满足消费需求，厂家就不可能抛弃你们。

去年我们公司给台湾私房小厨做咨询，给私房小厨的老板讲一天什么是流通，他都没明白。因为在台湾地区只有三类渠道模式：KA 卖场、24 小时便利店和电商。后来，我们从上海直飞郑州，找一个娃哈哈的经销商，跟着货车在乡镇上整整转了两天。这让他大吃一惊，说明白什么是流通了。所以说做市场到底是做什么？做市场就是拿着产品开发渠道、维护渠道，不要形式的限制。

现在的市场千变万化，每一轮都在变，我更希望大家掌握其中变化的原理，因为掌握原理你就不会心慌，想出的方法就更好。

三、市场变化的推动因素

任何一个时期推动市场变化的只有三个因素。第一是需求，需求变化，上市的产品也要跟着变化，是决定因素；第二是竞争，竞争变了，市场格局也会变化，是推动因素；第三是商业模式，商业模式变了，市场也会随之变化，是市场变化的外在表现；所以任何一个时期，决定市场变与不变就看这三个因素。

有一次经销商培训会上，有个经销商朋友问了我一个问题，他说："我的渠道网络很稳定，市场也做到了极限，现在想拓宽品类，卖点袜子、内衣、裤子等。"我问他为什么这样想？他说："服装没有保质期，不用来回调换货。"我微笑着说："你的想法是好的，敢于尝试新的品类。但你可曾想过，当前各行各业都出现了产能过剩，供大于求的市场局面，即使服装工厂两年不开机，库存的服装也都穿不完；而且服装没有保质期不假，可有流行周期！你卖今年的流行款式就会非常火，卖不了今年的流行款式，服装扔在大街上也没人要。"

现在的需求是享受型需求，不是生存型需求。买衣服不只是为了遮体避羞，更不只是为了保暖。

做食品批发的想卖服装、做服装的想开副食店。殊不知整个行业竞争格局日新月异，客户的需求与期望同样也在迅速改变，需求在转变、竞争在加剧。

所以说，需求的转变、竞争的加剧、行业模式的改变都在推动着市场变化。

第十章

新环境推动市场运作转型

一、信息环境的变化

什么是市场环境？从市场的角度上讲，市场环境就是信息环境、消费环境、供应环境、商业环境的综合体。什么是新环境？从狭义上讲就是市场环境不断演化、不断发展的结果，从广义上讲就是现在的社会环境，与时不断发展变化的环境。

什么是信息环境呢？就社会而言，信息环境即社会信息环境或社会信息生态，是与社会信息交流活动有关的社会因素的集合，是影响整个社会信息交流活动的具体社会条件和社会基础的特征。那么什么是新的信息环境？即互联网。有了互联网，世界确实变得很“疯狂”。前阵子我看到一则新闻，标题是《两口子闹离婚，理由很简单》。大致意思就是：老婆天天半夜起床，老公醒了找不到人，结果发现老婆在电脑上玩偷菜呢，天天如此。有一天夜里三四点，老公到外屋找老婆，一不小心从楼上摔下去，摔骨折了，后来两人为此事闹离婚。事情听上去的确很荒唐，其实不然，目前聊着 QQ 过马路、开着汽车聊微信的人大有人在。

有人说戒网瘾比戒毒瘾还难。其实网瘾和毒瘾是一个道理，毒瘾是生理上的，网瘾是心理上的。中国社会科学研究院做了一个测试，找五类人，分别是工人、学生、农民、商人和公务员，把他们集中在一个房间里，把手机都收上来。房间里有监控、有音响。当把其中一个人的手机铃声打开时，就会看到大家都在摸自己的口袋。第一个晚上，就有 3 个人失眠。到了第四天晚上，大多数人都在失眠，为什么呢？“四天没看 QQ 了，微信上还有亲密留言！陌陌上的预约时间也到了……”都是互联网惹的祸。等到第 5 天的时候，有一个人严重失眠得快要崩溃了，这个人是商人。商人天天忙于做生意、天天想着哪里能赚钱，今天该和谁签合同，明天要给谁送货等。的确，互联网影响着人们的生活，正在试图改变人们的生活习惯。有一句话说得很恰当："世界上最远的距离是无网络，最近的距离是手机。"

最早的手机，只能打电话，后来发展到能发短信和彩信。记得我刚上班的时候，用的数字 BB 机，滴滴滴一响，拿出小本查查：姓杨 123、男士 456、请你回家吃饭 006、我在学校等你 008……所有文字都是用数字代替的。后来有了中文寻呼机，能直接看到"李先生呼你，等你回去吃饭，六点半不见不散。"后来再就有了手机，很大，像砖头似的，有人打电话，赶快接，很高兴地说："你好啊。"当时，能拥有一部手机是很有面子的事。

目前信息环境好了，沟通更方便了，而心与心的距离似乎更远了。所以，有房子不代表有家，有钱不代表有健康，有电话不代表心与心相通。

当今是互联网的时代，互联网的变化对人们生活影响甚大，人们离不开互联网、离不开手机，手机仿佛成了人体的一个部分。它不仅是通信需要，更是一种信息生活习惯常态化的表现载体。

二、消费环境的变化

消费环境发生了什么变化呢？2009 年流行过一本书叫《等待猫吠》。这本书描述了中国消费度过的三个时代：物质短缺、供不应求的时代；供求其本平衡的时代和当今的时代。当今时代的消费者是一只"猫"，猫更挑剔，更不好养了。

这个观点提醒我们，消费者的购买习惯和市场环境已经变了，你只靠老一套是不行的。

猫走不走直线取决于老鼠，货卖到哪儿去取决于消费者。大家想想，现在的消费者有什么显著变化？众所周知，中国的家宴基本上消失了，过年都在饭店吃年夜饭，因为消费转型了。据数据显示，中国的餐饮年消费额接近 10 万亿元，10 万亿元是什么概念？2012 年中国的国内生产总值（GDP）是 50 多万亿元，其中餐饮占了 20%。

为什么我们的生意难做？表面看是竞争激烈了，厂家多了，产品过剩了。**其根本问题是市场需求得到了极大的满足，**消费者吃什么都不香了。过去吃一块肉都高兴得想哭，吃一块糖，甜的几天都忘不掉，而现在，吃什么都感觉不香不甜。

小时候在农村，兄弟姐妹比较多，弟兄 3 人还有 1 个妹妹，家里很穷。过年最盼望煮肉的一天，一听说今天要煮肉，我们几个就蹲在那里等着抢骨头。闻见肉香味了，赶快回去，端碗排队。我妈拿勺子盛，一人给一块，一点儿富余都没有。所以现在当我一听说“锅里没肉，勺子也盛不出来”这句话的时候，我就想到了小时候的那一幕，印象特别深。

所以，大池没水小池干，让消费者来消费才是根本。**经销商必须让员工明白：锅里没有肉，勺子也盛不出来。**

经销商普遍存在的问题是研究竞争、研究价值、研究促销，却忘了最根本的东西，研究需求和趋势，研究怎么样能够撬开消费者的嘴。

不动销是为什么呢？不动销的核心原因是你的产品不能打动消费者，没有给消费者购买的理由。你可以说这是厂家的事，产品是厂家制造的，可你既然服务于消费者，你就有义务、有责任替顾客选择好产品，要懂得“替顾客省钱就是在替自己赚钱”的道理。经销商一定要成为顾客的导购员和服务员，替顾客选最好的产品，而不是从赚钱和竞争的角度去选。如果仅仅考虑自己的利益，看着利润去卖，你不会做成“百年老店”的。经销商是消费者和厂家的中间纽带，是服务于消费者的，选择好的产品、好的服务才是你追求的目标长远的发展机会。

三、供应环境的变化

供应环境就是市场环境的主体，即供需环境。我们最重要的是要明白当下的市场环境是什么？当下的市场环境是消费需求的结构性升级，从生存型转向享受型。传统产品无法满足享受型需求，而且传统产品严重供大于求，这才是生意难做的根本原因。

所以，厂商要看到，随着社会经济水平提高，人们的收入增加，**消费者不缺少购买力，关键是找不到购买的理由**。或者说，产品缺少打动消费者的“买点”。

在这里我要提醒大家，这里说的是“买点”而不是“卖点”。随着互联网的普及，移动互联网让PC互联网变成了传统行业。“卖点”时代已经结束，因为“卖点”是厂商总结出来的，是以推销的方式卖给消费者的。而“买点”是厂商在通过走进顾客生活方式和成为顾客的基础上，深刻研究消费需求和依据消费需求开发出来的产品卖点，也就是用逆向思维做出来的需求定制化产品，这时的产品一定能够接地气，能打动消费者，更能彰显产品的本质特征，更能说出消费者的需求与心声。

四、商业环境的变化

最新的商业环境是依托互联网盛行而崛起的。最近大家听到的比较多的一个词叫“众筹”，众筹是现在非常流行的一种模式。其实我们的商业联合体、商会、俱乐部等都是“众筹模式”，即“既是消费者又是股东，既是顾客又是股东”的一种商业模式。

观峰咨询于2012年在白酒界创造了著名的“存售模式”理论，即变销售为存售的一种模式。这种模式让经销商或者分销商接货后卖了赚钱，卖不掉增值回购。假如你是厂家的经销商，从厂家拉走了30万元的货，并把货铺下去，如果6个月之后，产品不动销且你不愿意卖了，厂家就按照进货价的15%对你的货物进行收购。就是退货的时候你能得到34.5万元，如果12个月之后，你还不能动销，因为滞销退货，厂家就会按照进货价的30%对你的货物进行收购，等于退货的时候你得到39万元的退货款。

同时，观峰咨询通过2014年的实践又研究出一种新的商业模式，叫“股客”，是既是股东又是客户的一种商业模式，主要是通过“厂商一体化”来完成。传统的厂商模式是“买卖模式”，没有深度的合作，结果就会出现钱钟书先生说的“围城效应”。厂家羡慕经销商既赚钱又没有投资风险，而经销商羡慕厂家很容易赚大钱，经销商总是认为自己是厂家的搬运工等。彼此相互怀疑、相互嫉妒，真是“有人辞官归故里，有人漏夜赶考场”。

最近，许多企业自己做贸易，实施直营战略，建立自己的专卖渠道。而经销商们也没闲着，一旦赚钱就开始向上游发展，建自己的工厂，打造自己的品牌。试想，结果怎么样呢？上帝是公平的，给你开了这扇门，就会关上那扇窗。经销商向上游发展很少有成功的，道理很简单，因为经销商的思维一直是“交易思维、买卖思想”。做贸易就是买进来卖出去，很容易操作。而经营工厂打造品牌需要有前置性投入，经销商会觉得处处有风险，没有抓手，很多钱投进去却“打水漂”。“交易思维”是经销商经营工厂失败的根本原因。

众筹品牌：人人众的崛起

一个刚毕业的大学生注册了一个品牌，名字叫“人人众”，他想开一家属于自己的咖啡厅，可刚毕业没有资金怎么办呢？于是他利用

“众筹模式”，在周边的1000米之内找住户、找商户、找圈子里的人，并对他们说：“你给我2000元就能成为股东，我装修好之后，你可以来我这里喝咖啡。我每年公布盈利状况，盈利之后把钱返给你，你可以消费，也可以把钱拿走。”他就用这种办法集齐了200余万元，开起了自己的“人人众”咖啡店。

微信自媒体的领航者：管理智慧的众筹案例

著名学者、人民大学博士生导师包政先生的团队，于2012年做自媒体管理智慧，截至2014年11月拥有粉丝60多万。因为文章的质量很高，被资本机构价值评估值为1亿元。当时有人愿意投780万元，占20%的股份。他说：“我不卖，我不缺钱。”而后他在中关村的一个大厦做了一个演示：楼下有一家咖啡厅要转让，总转让费用大概1600万元。他就让团队在后台发了一条短信：“中关村，我们楼下有一个咖啡厅，现在我要把它接下来，总价值是1600万元，我需要400个人，每个人出4万元”。

结果怎么样？50分钟之内，1600万元就众筹完毕。

他做了什么？众筹。依托网络发展起来的这种“未来的商业模式”，你既可以成为顾客，也可以成为股东，同时可以成为分红者。

网上宠物店的崛起

有一次我在上海和一个朋友不期而遇，我问他：“你在哪里发展啊？这么阔气。”他说：“我做生意了。”我说：“你做什么生意？”他说：“我卖宠物。”我说：“什么宠物？”他说：“卖小狗、小猫、小鸟、花虫等。”我说：“我想看看你的生意。”他直接把手提电脑拿过来，说：“现在谁还租门市开商店呢？现在都是网店。”他打开电脑，上网让我看他的三个店铺。

我十分惊讶：“这事你怎么做的？”

他说："我雇了6个人，6点钟出发到宠物市场，拿着数码相机开始录视频和拍照，问价，记录。回来后挂到网上，就有人点击询问。这时我们去市场交定金、领宠物，送给客户看，行了就成交。

新环境的到来预示着消费者需求的改变，消费者的购物环境在变化，所以说，新环境的不断变化推动着市场的发展，也推动着市场的升级转型。

第十一章

如何进行市场精耕

一、市场耕而不精的主要原因

精耕是工作导向，是过程管理，是做细活，要一点一点耐心地说服，做网点开发，做终端拉动。目前大多数经销商的所有业务考核都是销量导向和结果第一，这样做只会加重市场负担，加速网点死亡，因为没有一个人去干基础工作。只有采取“基本工资 + 提成 + 专项考核激励”政策的综合考核机制，才会有人去做市场基础工作。

精耕是一个细致的工作过程，开发新网点肯定要比巩固老网点困难，要付出很大精力和耐力，员工不愿意做、不愿意付出是人之常情。当今社会是市场经济的社会，一分耕耘一分收获。所以只看结果不看过程，只看销量不看工作导向的做法是不对的。

经销商朋友们一定要牢记：“员工做的不是老板希望的，而是老板检查的。”老板天天开晨会说：“我希望你们做得细致一些，态度好一些，要规范、守规矩。”员工做的只是老板检查的事情，绝对不是老板希望的事情。当然，员工做的还是老板考核的，钱往哪儿发他就往哪儿干。

另外，业务员的态度也是制约市场耕而不精的原因之一。

如果不解决人的思想问题，给他再多的方法都没有用。今天你讲100 种动销、推广的方法，如果你的团队不愿意做，一切都为零，只说不练、有行动没结果的例子比比皆是。

二、如何鼓励员工做市场精耕

什么时候精耕？淡季做精耕，旺季做销量；淡季一瓶，旺季一箱。你给员工讲明白了这个道理，他就愿意去干。市场是按区域来划分的或是按产品来划分的，这都不重要，重要的是薪资和考核政策要支撑薄弱市场的精耕条件，要充分调动员工的精耕积极性，这才是问题的关键所在。

老员工带新员工，老员工就觉得在分他的羹，就不肯给新员工机会。要想把新员工留下来，就要给新员工发展的平台，不能总跟着老员工天天跑，要给他舞台、给他市场。前两个月新员工可以不考核业绩，不考核销量，但要考核工作，例如市场维护和开发能力。把薄弱乡镇、薄弱片区划给新员工，鼓励新员工做出成绩来。当然，把薄弱地区划给他，他心里肯定不舒服："为什么把最差的给我，把最好的给老员工？"这时老板要告诉他，在这一片做出来的销量，要比老员工的提成高30%。他们提成1元，你提1.3元，而且每开发一户再奖励300元。这样新员工就能开发出自己的市场来，你还担心他没有积极性吗？

另外，经销商朋友们也要思考一个问题，业务人员紧缺，布置专项工作时发现根本没有人可用。为什么？因为干不了。天天送货都要累死了，哪还有时间和精力去市场精耕呢？

所以，市场精耕的前提条件就是要为专项工作提供阶段性待遇。当担心待遇高了以后没法收场时，可以每个月给专项工作起个名字，这个月叫新品突破，下个月叫网点开发，再下个月叫核心网点销量，再下个月叫重点产品突破……产品能天天促销，为什么不能给自己的员工一些"促销"呢？每个月都设定核心奖励和重点工作，评比出新品销售冠军、网点开发冠军、销量增长冠军。"评出增长、评出激励、评出积极性！"

三、从废品回收的转型看市场如何精耕

那年的夏天比较热，郊区的家里有很多废旧饮料箱子和杂物在储物间堆着。我觉得堆得太多，就想找一个收废品的收走。

结果，连续两个星期我都没有见到收废品的。难道他们还过双休日吗?

我正着急的时候，猛一抬头看见一个收废品的师傅过来了，我特别激动。

我说："你是收废品的吗?"

他说："是。"

我说："我们家有废品。"

他说："你预约了吗?"

我说："没有。"

他不慌不忙地掏出来一张名片说："先生，请拿着我的名片，别忘了预约。"说完，这位师傅转身要走。

当时我就傻了，这是什么年代，难道时空穿越了吗?

我就赶紧几步追上去，搭讪套近乎："师傅，我没有打预约电话，就不能卖废品吗?"

他说："先生，我们收废品的也与时俱进了。你别以为我们收废品的现在就是拉着车在街上乱走、乱吆喝。那样的时代已经过去了，我们现在创新了，而且有组织了。第一，我们成立了收废品协会。第二，我们现在实行划片包干，不再满大街转了。"

"按照我们的市场划分，你们这七个小区归我管。"

我说："你们什么时候分的?"

他说：“分了有大半年了。”

我说：“我都没怎么见过你？”

他说：“你总是周末来。周末你们这个小区入住率只有62%，不是很高。一般旺季的时候，周末我都到入住率高的地方去，那两天卖废品的比较集中。周末谁在你这里转悠啊，你们这里我一般都是周一至周五来。”

师傅接着说：“你们家是几号楼的？”

我说：“8号楼。”

他说：“你是三单元303的吧？”

我说：“是的，你怎么知道？”

他说：“你们这个小区一共住了1123户。每个楼栋里有多少户，每个家庭大概有多少人口，谁家富，谁家穷，我都知道。”

我更加奇怪了，赶紧又问他：“师傅，你是怎么做到的呢？”

他说：“生活好的家里，卖的都是鲍鱼箱子、猴头燕窝箱子、高档营养品箱子。生活一般的家里，卖的是矿泉水瓶子、方便面箱子。大方的家里卖废品都不要钱，计较的家里一点东西都要计较半天。”

他说：“过去我们满大街跑，生意不好做。原因有两个：第一，我们对当地城市并不是很熟悉，整天沿街转圈，浪费很多时间；第二，我们也没有客情关系，和物业也不熟，有时候很多地方进不去。现在不一样了，进你们小区，不用刷门卡，保安见我都点头哈腰。”

我说：“为什么？”

他说：“我们现在是有规律的，周一在哪个小区，哪个小区老年人多、小孩儿多，周五、周六在什么地方，周日在什么地方，我都是计划好的。什么人周末在家，什么小区需要几天去一次，我都有明细的计划与安排的。”

我说：“你这个道理挺透彻，你们这个组织有什么分工吗？”

他说：“有啊。我们要跟物业搞好关系，要帮着物业干活。什么样的废品怎么样去收，都有规律。我不仅熟悉保安、物业，还有很多住户我都非常熟悉，这样很容易打交道，其他同行也不可能过来抢我的生意。”

然后我就说：“师傅，你帮帮忙，把我们的废品拉走吧！”

他说：“不行啊，先生。今天上门收预约客户的废品，人家家里刚装修好房子，废品足够拉一车的。如果我把你们家的收了，就会耽误他们家的，我要守时、诚信，你说对吗？而且，你们家攒那么多废品，装一车估计不够吧，我帮你们拉走，耽误人家时间。我还做不做生意了，我还讲不讲诚信了，你还准备让我在你们小区继续做吗？”

这是生活中一个小小的缩影，但小故事蕴含着大道理。经销商不妨对比着思考一下，我们的人员送货怎么样？我们的市场开发人员怎么样？我们的后勤服务人员怎么样？有没有服务观念和服务意识。

我从这个收废品师傅的案例中，学到了很多东西。

市场转型，各个行业都在变。主要表现在：第一，都在调整思路和经营模式；第二，都在研究市场，主要是寻找市场机会；第三，都在研究顾客，而不是单纯地研究竞争对手；第四，都在研究渠道策略，而不是单纯地促销；第五，都在做服务，因为经销商本身就是服务商。

四、不同类型的市场如何实现精耕

市场的确需要精耕，那么如何实施市场精耕呢？首先我们要知道哪些区域和市场需要精耕。

（一）空白区域精耕

1. 哪些地方属于空白区域

第一类，城区和城乡接合部。城区和城乡接合区域是最薄弱的市场，因为我们总是一装车就下乡，跑乡镇跑习惯了，而忽略了城区和城乡接合的这个区域。随着中国城镇化速度的加快，主要购买力都向中心城市集中，乡镇以下的农村市场购买力逐步衰弱，所以，城区和城乡接合的区域是不容忽视的重要市场。

第二类，竞品强势区域。竞品的强势区域是不是空白？怎么造成的？试想，统一的经销商说康师傅在那个区域很火，就不去了；和其正的经销商说王老吉在那个区域很畅销，就不去了。几十个“别去了”，自然会造成市场的空白。所以，空白的永远空白，薄弱的永远薄弱。

第三类，没有主导品牌，群龙无首的区域。那个区域大家都不去，原因是没有一个品牌在那里能卖得好、卖得畅销。那个地方杂乱无章，大家都不愿意去。久而久之，就造成了市场的空白，就淡忘了“权为民所系、利为民所谋”的营销理念。

2. 怎么消除空白市场

第一，渠道开发策略：抓两头促整体。即抓终端，抓大户，促进整体。

要想做好空白市场，必须做好两件事：牢抓大户，精耕终端。要借大户的力量做终端，找一个在当地渠道有基础的合作伙伴，让他领着你做终端。正所谓借力打力，借船出海，借鸡下蛋。借力打力即借分销商打终端；借船出海即借你的渠道铺我的产品；借鸡下蛋即把你的渠道借给我，让我把产品铺好。

第二，产品突破策略：策略性的单品突破。

消费者记住一个品牌，往往会把这个品牌和某个战略单品联系在一起。一个品牌，往往能依靠一个战略单品打天下。一个经典的战略单品，往往代表一个品牌的形象。比如，消费者提起“康师傅”，会想到红烧牛肉面；提起“可口可乐”，会想起红罐；提起“百事可乐”，会想起蓝罐；提起“洋河”，会想起蓝色经典；提起“郎酒”，会想起红花郎；提起“泰昌”，会想起 1017……

从某种意义上说，战略单品就等于品牌。中国市场已经进入战略单品时代！在战略单品时代，如果没有一个战略单品，你就只能亦步亦趋地跟在别人后面；在战略单品时代，如果没有一只战略单品，要想创建成功品牌，无异于痴人说梦；在战略单品时代，品牌的崛起，往往都是以一个大单品崛起为特征。因此，聚焦战略单品突破，是企业品类创新之后，最宜采取的市场运作方法。战略单品，不是只销售一个单品，而是集中资源主推一个主导产品，确保这个主导产品能够成功。战略单品的核心目的，是利用单品突破市场。单品突破市场以后，企业还需要丰富产品线，组合产品结构，以巩固市场，扩大战果。

第三，软客情大于硬促销。

所谓客情就是你在客户心中的形象。良好的客情关系是销售人员必备的素质之一。客情不能保证你一定能完成销售业绩，但却是完成良好销售业绩的润滑剂。尤其是“软客情”，能让你在处理客户关系中游刃有余，节约很多时间和精力去干别的事情，“软客情”大于硬促销是一个不争的事实。做好“软客情”往往需要老板亲自出马，先找分销商谈好，再把人派过去，再去运作。这样分销商就会像吃下定心丸一样很安心，会很愿意配合你的业务人员，更好地做好空白市场的开发。

（二）提升薄弱市场

1. 薄弱区域形成的原因

薄弱区域形成的原因大致有几点。

第一，薪资待遇按销量提成；第二，因无销量，没有对应的业务员负责；第三，因无利益，老板不愿意投入；第四，不管成熟区域还是薄弱区域，政策“一刀切”，没有政策倾斜。

2. 提升薄弱区域的方法

从机会的角度，找到市场机会。提升薄弱区域不是解决当地问题，而是找到市场发展的机会点。

从经营的角度，做到先投入后收益。

从工作的角度，做好日常工作安排，做好产品规划、网点规划及人员奖励措施。

（三）打造样板区域

1. 强化核心渠道、打造样板区域

核心渠道就是众多渠道中做得最好的渠道。要想打造样板区域，就务必强化核心渠道。首先，提高渠道监管和激励的力度；其次，打破众多产品放在一家客户的经销机制、将不同产品交给不同客户运作，不同客户负责自己专长而又不互相重叠的渠道；最后，将大片区划小，设置多家客户，以用多家客户的竞争性力量来弥补不足、快速提升销售。

如果不强化核心渠道，就不能增加渠道竞争性，就不能有效地进行终端拦截，就不能阻止其他厂家产品的进入，势必会形成“有进入就有收获的现象”，你的利润肯定要少一杯羹。只有做好核心渠道，才能打造样板区域，没有样板区域，就不会有样板市场。

2. 丰富产品组合

俗话说：“独木不成林、一花难成春。”要想拥有“郁郁葱葱的森林和四季如春的花园”，就务必要在渠道上增加不同类别的、不同功能的产品。要想把一个区域、一个乡镇或一个片区做到最好，就要丰富组合产品，不能“单刀赴会”。一根筷子容易折断，十根筷子捆在一起难折断。

3. 按照增长率和占有率来打造

“增长率”是指产品的销售量或销售额在比较期内的增长比例。“占有率”指一个企业的销售量（或销售额）在市场同类产品中所占的比例。销售增长率与市场占有率既相互影响，又互为条件。销售增长率高，市场占有率大，可以显示产品发展的良好前景，也可以显示企业相应的适应能力，实力较强；如果没有相应的高销售增长率，仅有占有率，则说明企业尚无足够实力，则该产品也无法顺利发展。同样，市场“占有率”也能说明以上道理。

第十二章

渠道分类运作与管理

一、渠道分类多元化

我给大家提出一个概念：横向多元化渠道。顾名思义，就是横向的、多元的。我们给这个渠道做个总结——大渠道。有人的地方就有渠道。横向多元化渠道一般包括传统流通渠道、现代渠道、电子商务渠道或特殊渠道，它们之间互为补充。

可口可乐全国每天的销量约为10亿瓶，它为什么有这么高的销量？那是因为它的渠道多元化，仅仅是销售可乐的终端商，就高达22种，如超市、杂食店、健身房、宾馆、旅游景点、娱乐场所、展销会等，它还和全球最大的汉堡基地之一肯德基合作。它一直秉承一个理念：有人的地方就有可口可乐。

过去的渠道是纵向的，由生产者、批发商和零售商纵向整合组成。比如一批商、二批商、零售商，是竖着排的，是顺着流通环节走的。现在渠道不是竖着排的，也没有上下结构了，而是横结构，扁平的。有大KA、大超市、小超市、零售店，有电商、网商、物流商、贴牌商等。现在的渠道是横着排的，类型越来越多，分类越来越细。过去只有一个主渠道，顺着渠道送货就行了。现在的渠道的类型已经增加了很多。有社区店、便利店、核心店、小KA、大卖场，所以，时代不同了，渠道也变了。纵向主渠道时代要结束，深度分销要失灵。过去你依靠某一个流通渠道就能把商品卖得很好，现在不一样，市场细分程度越来越细，自然而然生意也不好做。时代变了，消费转型了。

二、渠道的运作

1. 分类运作

过去的渠道在经销商看来只有一种，现在根据功能可分三种：形象渠道、推广渠道、销量渠道。

什么叫形象渠道？就是做品牌影响力的渠道。比如你的商品能在最热闹的酒店、宾馆里面，在最繁华的超市入口摆货。

什么是推广渠道？就是“撬开消费者的嘴”的地方，即顾客实现消费的地方。有些渠道根本不用谈，像社区店，小区边上的便利店，你在那个地方做做推广，他就“上钩”了。

什么是销量渠道？就是主渠道，消费者主要购买的场所。

同理，如果从销量上分，可以分为核心渠道、重点渠道和一般渠道。

还有按功能区分的，比如某个地方尽管销量小，但人流量大，能见度高，具有引导性、宣传性，可定为核心渠道。另外，某个渠道尽管不卖货，但是有条件做促销棚、做展卖、做品鉴。

为什么有些经销商花很大代价去买服务区，进大 KA，因为他知道这些渠道是显示企业实力、树立企业产品形象的绝佳窗口，相当于做形象、做推广、做销量。目前互联网的盛行，带动了电子商务，电子商务具有低成本、高毛利的特点。我们经常说的特殊渠道，企业可以利用其渠道的特殊性通过团购的形式，为企业带来更大利益……

因此，我们要把渠道从运作的办法和功能性上严格区分开来，使其发挥各自的功能，更好地为市场服务。

2. 精耕策略

未来市场的竞争将是精细化的竞争。要想获得比竞争对手更多的市场份额，就务必要改变过去传统广种薄收的经营模式，变游击战为阵地战，变粗放模式为精细模式，先人一步，将市场基础做扎实、做牢固。

在分类前提下，如果想做精耕就要做到几件事：先计划好做哪里，然后规划好怎么去做，最后把标准制订出来，把流程制订好。

精耕策略实际上就是深度分销策略，也就是我们常说的“区域滚动策略”。即把大片划小，分片管理、分片运作、分片精耕，把 A 片区做成第一，而后复制到 B 片区也做成第一。

所以说，精耕的前提是计划、规划、标准化和流程化。

三、如何实施渠道动态管理

为什么要做渠道动态管理？主要就是“管住钱袋子”。因为只有动态的分类管理，才能在过程中发现渠道销售商的变化，才能避免网点流失。

（一）什么是渠道动态管理

渠道管理包括三个方面：渠道结构、产品流向、动态指标。

首先按销量高低，把客户分成 ABC 三类，看看到底有多少核心的忠诚客户，有多少有贡献的客户。现在我们的产品流向管理做得比较粗，如果产品流向管理做得很好，你随时就可以知道货卖给谁了？卖了多少？这样能更好地帮助你分析市场，判断未来市场的发展趋势。

（1）如何实施动态管理，动态指标是什么？

（2）同期对比。

（3）进货的频率要心中有数，要持续分析。

比如，这个店每个月都打两次电话，要进两次货，为什么这个月就要了一次？去年这个月某品牌饮料卖了 200 箱，为什么今年这个月就卖了20箱？只要做同期对比，记住要货次数和要货时间，就能分析出是竞品在夺市场，还是客情关系没有维护好，还是产品不好。

谁在上升，谁在下滑，谁同期上升了，谁同期下滑了……只要做好渠道的动态管理，这些情况应该分析得出来，这样我们才能拿出对策，以不变应万变。谁做了“渠道动态分析”谁就会先人一步，抢占市场先机。

（二）建立渠道动态管理体系

1. 月度报表、季度分析

做渠道动态管理体系的核心是报表系统，也就是通过报表数字，分析渠道运营动态。同时这种报表也能体现所经营厂家的产品销售状态和涨跌情况。

报表是管理者的主要管理工具，数据的背后蕴含了丰富的经营管理道理，一个优秀的经销商，一定是一个报表管理高手。

渠道动态管理报表大体可以分为以下几类，经销商可以根据自身的经营情况和发展需要，有选择地参照使用。

一是渠道铺货补货周报表。这是每个片区或者产品负责人需要按周填写的报表。

二是月度销量排名表。可以按照渠道接货量大小分类，把客户归类为金牌客户、银牌客户、铜牌客户。

三是月度销量对比表。这张表主要是渠道客户接货动态分析表，每月分析渠道商的成长状况。

四是渠道商销售季度报表。这张表主要是体现一定时间内，渠道商的发展情况。相比月度报表，这张表更具价值，因为一年只有4个季度，每个季度占全年的25%，这样，通过季度分析就能够看出客户类别的变化情况。比如，这个季度新增几个金牌客户，流失几个金牌客户，新增几个银牌客户，流失几个银牌客户……

经销商如何利用报表做好市场管理？

一是通过报表发现渠道商的发展动态，制订相应的措施。

二是避免马虎思维，通过报表与数字，理性分析市场与产品的运营状态。

三是根据报表显示的问题，制订相应的管理措施。如针对核心渠道商需要制订专门的服务体系。同时，经销商自己要有意识地管控这些核心分销商。

四是制订渠道管理考核策略。比如每新增一个金牌经销商，就给予一定的奖励，每流失一个分销商，就要给予处罚。

五是利用报表体系统，实施目标任务增长规划、促销计划及目标任务规划分解计划。

我们要对月度销量报表进行分析。其实电子表格很方便，把所有的数据输进去，它会按升序降序排列。我们要试着用一些新的工具，对渠道进行追踪。

2. 核心大客户的专项服务体系

核心大客户在我们通常所说的大客户范畴之内，在运营商内部的客户细分中，大客户属于高价值客户群体。这类客户群不仅为运营商带来收益价值，更带来品牌、专业服务能力、行业领先优势、社会影响力等多方面的增值价值，更是驱动市场发展的引领者。所以，建立核心大客户的专项服务体系是必要的。建议核心大客户由老板亲自抓，最少每个季度要去拜访一次，请他们吃饭，买份小礼物，建立牢固的客户关系。

针对核心网点做好销售额与效益分析一览表，就能清楚地看到谁今年为你创收了，谁创收的利润没有去年多，一张表几乎可以说明一切。

第十三章

终端动销的前期准备

一、终端不动销的误区

现在是终端为王、渠道制胜的时代，之所以说终端为王，是因为终端决定着销售的“临门一脚”。谁掌控了终端，谁就掌控了市场的话语权、主动权，所以，如何实施终端动销就至关重要了。要想实施终端动销，首先要搞清楚终端不动销的原因。

误区一，动销就是旺销。旺销就是持续地销售。你说我做了几天终端的拉动，也搞了几天活动，为什么不见卖起来？**动销是持续的销，而不是旺销，**所以不要急，急也没有用。

误区二，动销的措施就是做终端促销。动销的措施只有一个，叫促销。卖不动，怎么办？促销。促销了，还不动，怎么办？再促销。其实，动销的手段不一定是促销。

二、如何找到终端不动销的原因

要想解决问题，首先要找到原因，只要找到了原因，问题就解决了一半。

我们通过以下案例加以说明。

公司一个重点产品大面积滞销，我们四处奔波，却对产品滞销的原因难下结论。

一天晚上，刚住进宾馆，还没来得及打开空调，突然间，屋里一片漆黑。怎么回事？大家不安起来。打开门一看，也是一片漆黑，只听见宾馆工作人员的喊叫声和脚步声。大家开始议论："是用电高峰电闸跳了？是保险丝爆了？是拉闸限电？线路故障？配电房出问题？或者电厂停止供电了……"

大家七嘴八舌地议论着，作为领队的我，突然眼前一亮："产品滞销不就是这种情况吗？为什么只从一个环节找问题呢？"

来电了，我开始召开会议，就从刚才的停电分析出发，查找产品滞销根源！很快，我们制订了一套完整的"电路式检查"方案及相配套的解决方案。据此方案，我们用不到三天的时间就找到滞销的根源，并顺利解决了这一产品难题，为企业挽回了不小的损失。

在此，特将"电路式检查法"整理如下，供大家系统检查产品滞销的根源，并寻求对应的解决方法。

（一）电路与产品流通环节对应图

电器	灯座	开关	线路	变压器	电厂
消费者	零售	二批商	总经销商	营销人员	企业

电 + 灯 + 灯光　开关　室内线路　总闸　变压器　电厂

══════════电流══════════

══════════电压══════════

消费者　零售　二批　总经销　营销人员　企业

══════════产品流══════════

══════════促销══════════

图 13－1　电路与产品流通环节对应图

（1）如图 13－1 所示，产品从企业走向市场，要经过若干个环节，而电流从电厂走向电器也要经过若干个环节，某个环节出现的问题必须都要进行系统检查，不能"头疼医头，脚疼医脚"。

（2）电路的任何一环节出了问题都会让终端电器不能正常工作，而产品在流向消费者的任何环节中出了问题，产品最终都无法实现消费，终端电器问题就是产品摆到货架后的问题。

（3）电路系统每一个环节的安装和操作都有规范的标准，而产品营销的过程也必须有一套系统的运作和操作规范标准，任何违背操作规程的行为都会带来风险和失败。

（4）终端电器出了问题，必须通过从外到内的电路环节检查、维护和保养，而产品在终端走不动，也要从下向上逐步检查，并对每个环节进往“维修和保养”，全员参与才能迅速查出症结，解决问题。

（二）电路式检查诊断产品滞销的方法

1. 确认产品在哪个环节出现了滞销问题

当产品出现滞销的时候，营销管理者必须迅速找到产品是在哪个通路环节出了问题。准确定位出问题的环节，才能迅速解决问题，采取相应的措施。营销最高决策者或管理者必须调动营销组织中不同层面的人员进行通路检查已发现问题的根源，如果只是某一个通路环节的营销人员检查，恐怕会耽误解决问题的时机。就像灯泡不亮了一样，如果只是检查灯泡或检查开关，不但不能解决问题，还耽误时机。

2. 造成产品滞销的通路环节与其他相关的通路环节有没有必然的因果关系

电路中的电闸跳闸，可以是用电负荷过重，也可能是有人触了电，即因安全的需要功能性跳闸，还可能是电闸自身的故障性问题。同理，产品在某一个通路环节滞销也有多种原因，可能是其他相关原因，也可能是具体通路环节自身的原因，营销团队中各层面的人员，必须在迅速地检查自己管控的环节后向两端环发出信息。

（1）产品在终端滞销的主要表现

一是终端零售商不愿卖，二是消费者不愿买。终端零售不愿卖的原因可能是利润低，也可能是产品卖点不突出，介绍的难度较大，还可能是同档次产品的促销使零售商主观上对你的产品产生不了销售热情。而消费者不愿买的原因也很多，可能是产品知名度不高，消费者产生怀疑，又有可能是产品的卖相不好，不足以吸引消费者，还有可能是你的产品不符合消费者的心理需要。当然也不排除同质化产品多，消费者选择的范围广，甚至你的终端销售氛围不足以压倒竞争品……这些都会造成消费者的“不购买”。

（2）产品在二批商或分销商处滞销主要表现

电路中开关出了问题，即使灯泡完好，线路变压器或电线都很正常，也无法实现照明。但如果只组织负责电路或变压器的人员去找问题，很难解决问题。同样，产品在二批或分销的环节上不流动，需要检查的首先是产品的通路价格设定是否合理，利润空间的分配是否能够满足不同通路环节销售商的需求，并且对照竞品的通路价格表现和通路促销政策，以检查自己的价格设定是否具有比对性弱势；其次是检查二批商分销商对产品卖点的掌握程度和介绍技巧。如果他们不能正确地认识产品的卖点和掌握介绍产品的技巧，产品自身的利益得不到有效地传播，也会造成产品滞销；最后是检查产品利润和利益的匹配度，即短期利润和长期收益的问题。很多二批商或分销商对企业新品上市或老品的上量性促销不感兴趣，因为新品上市容易过度促销，尽管短期利润很好，但是这种促销之后会造成乱价而导致价格缩水，很快会无利可图。如果新品促销，二批商和分销商的心里更明白，这种促销也是“羊毛出在羊身上”的短期行为，他们自然很难去主动推销产品。

（3）产品在经销商仓库里滞销

如果产品在经销商的仓库里滞销，营销管理者必须首先检查自己的营销方案是否正确，只有系统地检查营销方案，才能真正地找到原因，通常来看原因不外乎以下几种。

一是企业产品自身的问题，即产品的形式与内容是否相符。很多企业推出的产品内在质量和外在产品形式表现存在很大的不对称，就像一个人穿着笔挺的西装，打着领带，下边却穿着一双旧棉鞋。另外，营销人员对产品的感性认识也会造成认识上的“一叶障目”，为了让经销商接受所推的产品，过分夸大产品某一亮点，有意引开销售人员的分析角度，也会使产品在厂里得到一致好评，而一到市场上则病态百出。

二是营销人员工作方法是否正确，是否真正理解企业推出产品的市场使命和产品自身的使命。

三是经销商是否在全力的推销产品或者营销方法是否按营销人员指导的方法去做的。

四是，产品自身的定位与市场的现有需求是否有一个较好的结合点。“好产品并不一定好卖，好卖的产品未必都是好产品”是营销的不成文规定，一个好产品的基本标准是与市场现实消费有效结合，这种有效结合就是产品的“卖点”和产品进入市场的“切入点”。

总之，产品滞销问题是系统问题，即使是某一个环节的问题，营销管理者也必须组织“全员产品检讨”，以确保产品在销售环节的三大转化：从产品到商品，再从商品到消费品。否则，产品滞销问题的顽症始终不会根治。

在查找产品不动销原因的过程中，最容易出现的问题就是“归因错误”。就像前面提到的，发烧体温高，你一口断定是“感冒引起的”，结果去医院诊断，医生说是“炎症引起的”。所以你“归因错误”，下错了结论。

三、终端动销前要做好六件事

文中提到这些对策都是在开端没有问题的前提下解决终端问题的方法，如果开端就有问题，终端肯定做不了。所以，要确保终端动销，开端要干好六件事。

第一，产品与渠道匹配。找到动销的渠道商，这是第一要务。

第二，教会渠道用1分钟的标准化语言表达产品卖点。80%的渠道商不知道新产品的卖点，不知道产品摆哪儿了，找不着了。60%的渠道商根本记不住价格政策。所以我们要把产品的卖点浓缩成1分钟的标准化语言，面对消费者推销时绝对不超过60秒。如果终端导购是在60秒之内介绍不清楚产品，产品就卖不出去。现在消费者有多少时间站在那里听你说？我要买一瓶饮料，你却给我介绍5分钟，我都快渴死了，我愿意吗？所以，要在60秒内打动消费者，要找到产品的推销办法。

第三，发挥大户的引领力。终端要想做到动销，要在开端的时候找到产品能动销的标准卖点，实现一户一次最大量。

第四，多种推广形式营造销售氛围。比如我们常见的大卖场做促销，凭小票买够50元钱，可以兑一瓶水或者两包餐巾纸。

第五，免费午餐撬开嘴。

有一家卖红酒的企业，2013年12月30日，在万达广场倒掉了1万瓶红酒，把小朋友游泳的池子都放满了。事件的起因是因为在运红酒的过程中，司机为了省钱没开制冷机。夏天车内有40度的高温，酒不能喝了。于是企业就造了一个势。势造之后，把现场拍的照片全贴到瓶标上，让大家记住那个倒酒的镜头。我给他定的口号是：“一切为了口感。”

之后企业利用微信，做了一个“一切为了口感，只收物流费”的营销活动。消费者扫描微信二维码，把地址发过来，就免费获赠一瓶红酒，只收30元物流费（同城物流8元）。一下子实现了5万多瓶的销售量。

第六，及时回访，讲故事。

做营销实际就是讲故事，“每一个成功的品牌背后都有一个精彩的故事”，好营销就是好故事。

新产品铺货后，我们要及时回访。前面讲过，第一轮铺货后60%的渠道商记不住价格政策，所以回访就是给经销商讲价格，讲政策，讲故事。讲什么故事？比如“你们那条街的老刘从上货到现在卖了8箱，你才卖了8瓶，怎么回事呢？”光这样说还不行，大家都知道你用的是激将法。你还要讲一讲老刘是怎么卖的，另外把老刘的送货记录拿着，当作事实凭证。其实是你故意把老刘卖得好的经验做一个总结，让这个客户按照你的做法去做的。可你不能直接说，只能通过讲“老刘卖货的故事”将信息间接地传递给他。如果他仿照去做，你就大功告成，达到了自己的目的。

第十四章

如何实现终端动销

一、终端动销的六大攻略

攻略一：新老捆绑，组合出击。

案例：某食品企业的新产品完成推广后，在再次补货时，销售点以不好卖为由拒绝二次再接此新产品，新产品推广工作搁浅。

企业经过认真分析，发现产品自身没有问题，问题出在企业推广新产品时，对原来几个畅销的品种做了限量供货，销售点有情绪，不愿介绍新产品。针对这一问题，这家企业采取了新老产品捆绑联合促销的策略，即让新老产品按比例配成一组，按接货组数给予一定金额的促销品。销售点为了拿到畅销的老产品带动店面生意，乖乖地将原新产品库存销完后又接新产品，实现了新品的成功推广。

市场需求永远处在变化之中，因此，产品要与“市”俱进，更新换代是企业生命常青的基本保障。借助成熟产品的市场影响力，推动通路接受新产品，才能让新产品越过通路及终端的层层否决，在终端形成“回货”。

攻略二：许下“终身”，拿回“证”。

案例：Y冷饮企业在H省一直占主导地位，销量也始终居该省同行业第一。但仅半年，后来的一家企业很快超过了它，并大有取代其市场地位之势。虽然后来的这家企业没有轰轰烈烈的市场攻势，但铺货率和占有率却很高。Y企业开始搞阻击性促销，拿出相当大的力度却没有人参与活动，接货者很少。

原来，后来者与销售点均签了一年的销售协议，实行定点销售后给了丰厚的奖励，不仅暗中挖了Y企业的二批商，且从终端上斩断了根。

努力与销售点建立长期的经营关系，一定程度上利益捆绑就会增强销售点销售产品的热情。如果产品有较强的拉力，销售点的忠诚度就会建立，因为通过建立协约式销售，可以为不同层面和特点的销售点量身定做促销和奖励政策，加强了竞争的针对性，同时也最大限度地保护了销售点的利益，让他们有安全感、归属感。

许下“终身”，拿回“证”，就是从通路及终端上给终端回货提供“保障”。

攻略三：晓之以“利”，杠杆撬动。

案例：某方便面企业在S市场面向二批的渠道铺完一轮货后遭遇难题：二批商第一次进货之后，新品出货速度较慢，因此大部分二批商拒绝二次接货，销售出现停滞。

业务员经过认真分析之后，找到了几个愿意二次接货的二批商，晓之以“利”，动之以情，予以重金大二批商带车铺零售店和直接消费点。借助二批商的网络关系，经过持续三轮的运作，产品很快渗透到消费者中间，同时出现消费者拉动零售店进货，零售店推动二批商接货，结果拒绝二次接货的难题迎刃而解，市场局面很快被打开。

营销就是将合适的产品通过合适的渠道，送到消费者手中实现消费的过程。其中最大的问题是在合适的渠道上，营销人员能否有合适的运作方法和策略，找到有力的“杠杆”和准确的“支点”，让这一过程在渠道和终端持续下去。

攻略四：环环“连续剧”，三环必回货。

案例：我们在服务某冷饮企业时围绕学校做专项网络开发，由于大部分学校实施封闭式管理，学校的批发部做的是“关门式生意”，他们的主动权相对较大。我们要么打不进去，要么好不容易打进去，对方却把货压住，另讲条件。

针对这种情况，我们分析后制订了《连环开发运作计划》，即第一环实行“兑奖暂存制”，将产品暂放在销售点，存放费为 0.1 元/支。印制优惠卡对学生发放，学生凭卡另加 0.1 元可以换到价值 1 元/支的产品，存放的产品迅速被抢空。第二环实行买送活动，根据不同的产品实行买一送二、买一送一、买二送一等活动，并实行空袋兑换活动，根据不同的产品实行 3 ~6 个不等的数量换一支指定的产品，产品迅速被学生认可并接受，销售点不得不接货。第三环是趁热打铁，与销售能力最强的销售点签订销售协议并挂牌特约经销，彻底将销售点套牢。

新产品在推广初期，消费者对新产品必然有一个从“陌生”到“熟悉”，再到“喜爱”的一个过程。此时，不能单靠产品自身的魅力去“诱惑”消费者，要善于为消费者及终端制造出一环套一环的“连续剧”，回货才能持续进行。

攻略五：派员驻点，言传身教。

案例：某奶粉企业推出一款新型配方奶粉，该产品是其年度内的一支战略产品，首次上市推广时，销售点出售难，不愿二次接货。该产品有两大营销难题：一是如何让消费者了解和认可产品的功能；二是该产品的价格较高，如何让销售者认同并树立推荐、介绍的信心。

由于企业自身的实力所限，根本无法考虑用媒体广告传播，为了能成功推广产品，他们对全体营销人员封闭式集中培训产品知识和产品的推广技巧后，采取了营销团队全员驻点培训、推广销售的模式。重点执行两项要求：一是驻店人员要对店内的销售人员进行专项集中培训，上一级管理者监督抽查；二是每个驻点人员每天必须亲自和店主或店主的雇员一起介绍、推荐产品，书面记录每天的销售达成率并上交记录，活动结束一并纳入考核后给予专项奖罚，结果产品很快被销售点连续进货并出现供不上货的局面。

现实中，这方面工作主要存在的问题如下：一是营销决策者或管理者非常重视对自己的营销团队的产品推广培训，却忽略了对所培训知识的传导，想当然认为“只要我的人员懂了，售点的销售者也就懂了”。

其实不然，因为积极的营销人员缺少传导意识或能力，只会自己埋头苦干；消极者则把培训的内容视同过眼云烟，丢得一干二净。二是一线营销人员或因为认识不到新市场开发或新产品推广培育工作的重要性、必要性，或缺少耐性不屑去做产品、消费、销售点的培育工作。殊不知，这些工作都是为新市场或新产品注入能量，只有不断地聚集能量才能不断地释放能量提升销量。

因此，要让终端形成良性回货，要求企业对相关人员培训产品知识、推荐介绍技巧；利用宣传、促销方式对目标消费群进行产品认知教育、消费引导；培育售点的产品销售环境和销售氛围；加强对销售点相关人员的沟通和培训，以及针对目标消费群制订“一对一”宣传、促销活动。

攻略六：一回生，二回熟，三回不谈生意成。

案例：某食品企业完成 A 市场开发上货以后，派业务员小陈去运作。由于该企业的产品在同类产品中没有特别的卖点和优势，一轮货铺完市场后迟迟不见动静。区域经理经过回访之后，没有给小陈任何促销支持和销售方面的建议，只是要求他每天去拜访一遍销售点，但必须做到下次他俩共同回访时，在所有销售点，店主包括雇佣人员看见能直呼小陈的名字，进店能热情接待，其他的不用小陈管。

小陈为了达到经理的要求，天天跑销售点，与店主及店主的雇佣人员拉关系，一心一意建立客情关系。结果，令小陈很意外的，是当他达到经理的要求时，销售点已经连续进货好多次了。以前不回转要货的问题，竟然迎刃而解。

“业务员在销售商心中有多少印象，你的产品就会有多少销量。”实践中，业务人员将铺货看成简单交易，更有甚者将铺货当成一锤子买卖，卸了货就算完成。但是，在推广新产品或者启动新市场之初，业务员可以给销售点一副陌生的面孔，而如果业务员不能让自己的面孔被渠道关键点所认识和接受，多次回货的局面就难以出现。

加强销售点客情关系的建立，将自己“卖”给销售点，销售点才会将你的产品推荐给消费者。“一回生，二回熟，三回不谈生意成”。业务人员与销售点的关系如此，新产品与消费者的关系亦是如此，只有做到“三回”以上的功夫，“回货”才会向你走来。

二、终端不动销的常见问题与对策

终端动销，就像剥洋葱，每一个问题都有其特殊的背景、原因、对策、方案。这次就总结终端不动销的八种问题与对策与大家分享一下。

（一）买某种产品的人很少，偶尔能卖一点

产品不是完全不动，但卖得特别慢，偶尔能卖一点。比如我们铺了50家，有10家或者50家都能动销，但是卖得很少。这个时候要看看你的产品对消费者的吸引力够不够？消费者对产品的认识程度如何？如果偶尔能卖一点，卖的量特别小，就要增加促销活动，让消费者占便宜。

对策：检查产品与消费需求的对接程度。

方法：

（1）产品对接度高，说明消费者认识不足，可增加导购员和加强终端推介力。

（2）产品对应度低，说明对消费者缺乏吸引力，可对消费者搭赠促销。

（二）产品回转得慢，买过的人不回头

我们在现实中经常碰到这种现象，产品上市阶段，前两个月卖得挺好，为什么卖着卖着就不动了呢？买过的人不回头，怎么办？第一，要赶快给厂家提建议，检查品质、口感问题。第二，考虑定价。买的人觉

得不划算，比如好大一个薯片充气包，鼓鼓囊囊，买了之后发现 25 克薯片要 10 元，下次就不会再买了。

对策：查找回转慢的原因。

方法：

（1）解决产品内在品质。

（2）解决产品的性价比。

（三）产品终端不动销，通路有要求退货的现象

如果你的产品铺得很好，但是产品彻底不动销，零售点要求退货，商超也要退货，分销商也要退货。这个时候怎么办？第一，把它收回来放在某个区域，集中爆发式运作。第二，在终端采取强行刺激消费，选出核心网点，做促销的政策，让他们去动。比如，5 元钱一瓶的水，再捆上 2 元一包的方便面，再捆上 2 元的火腿肠，强力促销。你可能会说赔了，但是在这个时候刺激一下，说不定新产品就能活。

对策：检讨产品定位。

方法：

（1）集中局部区域爆发式运作。

（2）在终端网点采取强行刺激消费。

（四）产品出现非暂时的长时间不动销

采取了上述对策措施之后，它还不动销，怎么办？一是考虑产品的诉求，二是考虑产品的推力和拉力，三是考虑通路利润和消费者的情况。

对策：检查通路价格和产品定位。

方法：

（1）检查产品诉求。

（2）检查通路操作的推力和拉力。

（五）产品在不同的渠道不动销

产品在乡镇卖得不好，在城区卖得好；在小店卖得不好，在超市卖得好；在烟酒店卖得不好，在酒店卖得好；不同渠道有不同的销售情况。这时我们要做两方面的调整：

第一，调整主渠道。哪个渠道卖得好，就先集中在哪个渠道卖。把其他销售不好的货调到这个渠道上，集中优势资源，重点主推。下次再从厂家进货的时候，就要谨慎。无论厂家说的如何天花乱坠，也要控制进货数量。

第二，在渠道推广上下功夫，增加渠道的能见度。什么叫增加渠道能见度？就是把原来的排面重新整理一遍。扩大排面，丰富化、动感化，使其更具消费吸引力。有时我都觉得好奇：同一条街上的两个点，东边的这个店卖得好，西边的那个店就卖不动。业务员回访回来就告诉老板："西边那个店货卖不动，想退货。"老板就告诉业务员："去检查一下他的排面，看看放的位置好不好。另外，你要分析一下，是偶尔能卖一点还是一点儿都卖不动了，还是慢慢卖得不一样，还是说不同的渠道不动，你要找到对策，不要慌。"

对策：检查产品定位与渠道消费群覆盖。

方法：

（1）调整渠道设置主体。

（2）检查不同渠道的促销策略：高端消费追求的是个性和品位；大众消费追求的是性价比。

（六）成长中的产品突然不动销

产品在成长的过程中，突然不动销了。

这种情况比较多。一个产品卖得很好，上市的势头很火。结果销量涨着涨着突然就不动销了，原来一个月三千箱，结果这个月的前半月却一点没动销，这种情况一般是出现了竞品。比如你是卖今麦郎水的，卖得非常好。那康师傅水的经销商怎么办？肯定向厂家申请加大促销力度和你竞争。实际上，你就受到阻击了。怎么办？

这种情况不能硬拼，很可能一拼就死。比如，你培养的主导产品成长很快，对方拿一个短期的策略产品跟你竞争，而你迎合而上，刚好掉到他的陷阱里。那么你该怎么办？你让他先动销，你不动，但是你要密切关注他这一轮活动的铺货量，这样就能算出他的动销率，算准他的铺货量消化到50%左右的时候开始还击。怎么还击？你比他们的铺货量还优惠，政策还大，就能把他压过去。同时，稳住你的核心客户，保证他在你的核心客户里压不上量。

对策：市场运行环境分析。

方法：竞品打压避实就虚、避免死拼硬打。

（七）老产品卖不动

产品确实老化了，卖不动了，该更新换代了。这样的产品你就不用为它发愁了，既然卖不动，就赶快推广新产品吧。

对策：分析产品生命周期和价格空间。

方法：考虑衰退期的产品如何安全地更新和换代。

（八）涨价的产品卖不动

最近两三年，所有的产品均有不同幅度的涨价。大环境都在涨，如果你涨价后卖不动，也别着急，因为大家都在涨，消费者需要有个反应周期，通常都会有阻力。如果大环境在涨后，自身主导的市场涨不了价，自己支撑不了，怎么办？要有明涨暗促的策略。

在这里我们总结一下，最容易吃亏的是什么情况？厂家给我们涨了5元，但我们要直接面对市场，不敢明目张胆地涨5元，而是变相地涨3元，自己消化2元。我可以告诉大家，如果大环境都在涨，强势品牌的厂家都涨价，就是你赚钱的最好时机。什么意思？涨价一定要一步涨到位，厂家涨5元，我一定要涨6元。我拿2元去做促销，实际上涨了

4 元。过段时间，促销能收回来 1 元，这是比较聪明应对涨价的办法。有的是厂家涨 5 元，我直接涨 7 元，但是我再贴上 1 元做促销，做一阵子再把促销撤回来。所以，比较聪明的经销商都会借助涨价做两件事：第一件事，把自己的价格提上去；第二件事，在明涨暗降的时候收回来。

对策：分析行业涨价状况和消费者接受程度。

方法：

（1）大环境都在涨价，企业能主导市场，这种不动销是暂时的。

（2）大环境都在涨，自身主导不了市场要实施明涨暗促的解围策略。

以上八种情况下的产品不动销的对策，大家可以针对各自的情况去实践。

博瑞森图书分类导读图 + 书目

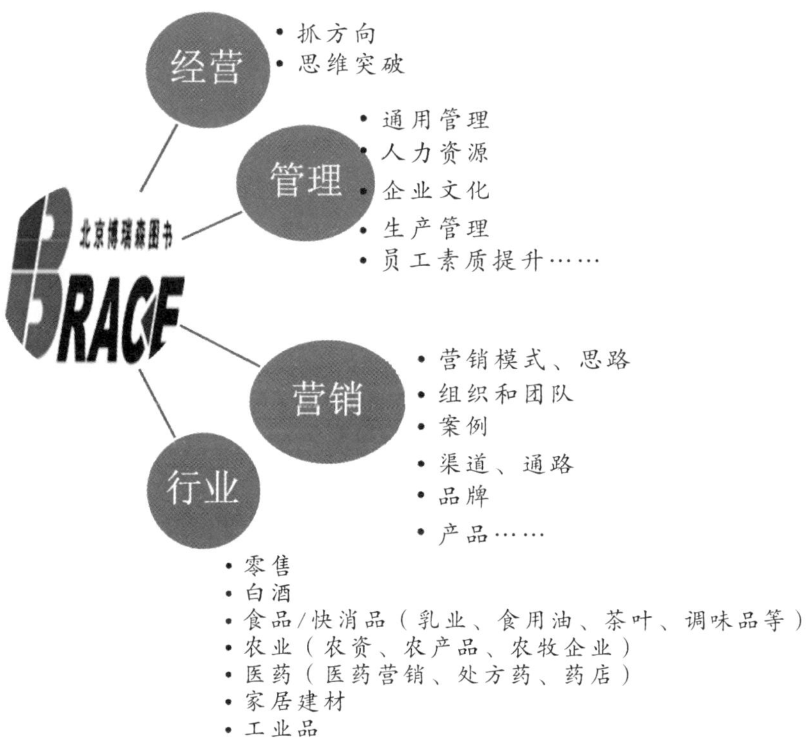

行业类：零售、白酒、食品/快消品、农业、医药、建材家居			
	书名．作者	内容/特色	读者价值
零售·餐饮	**涨价也能卖到翻** 村松达夫 【日】	提升客单价的15种实用、有效的方法	日本企业在这方面非常值得学习和借鉴
	1. **总部有多强大，门店就能走多远** 2. **超市卖场定价策略与品类管理** 3. **连锁零售企业招聘与培训破解之道** 4. **中国首家未来超市：解密安徽乐城** IBMG国际商业管理集团 著	国内外标杆企业的经验+本土实践量化数据+操作步骤、方法	通俗易懂，行业经验丰富，宝贵的行业量化数据，关键思路和步骤
	零售：把客流变成购买力 丁 昀 著	如何通过不断升级产品和体验式服务来经营客流	如何进行体验营销，国外的好经营，这方面有启发
	餐饮企业经营策略第一书 吴 坚 著	分别从产品、顾客、市场、盈利模式等几个方面，对现阶段餐饮企业的发展提出策略和思路	第一本专业的、高端的餐饮企业经营指导书
白酒	**变局下的白酒企业重构** 杨永华 郭 旭 著	帮助白酒企业从产业视角看清趋势，找准位置，实现弯道超车的书	行业内企业要减少90%，自己在什么位置，怎么做，都清楚了
	1. **白酒营销的第一本书** 2. **白酒经销商的第一本书** 唐江华 著	华泽集团湖南开口笑公司品牌部长，擅长酒类新品推广、新市场拓展	扎根一线，实战
	区域型白酒企业营销必胜法则 朱志明 著	为区域型白酒企业提供35条必胜法则，在竞争中赢销的葵花宝典	丰富的一线经验和深厚积累，实操实用
	10步成功运作白酒区域市场 朱志明 著	白酒区域操盘者必备，掌握区域市场运作的战略、战术、兵法	在区域市场的攻伐防守中运筹帷幄，立于不败之地
	酒业转型大时代：微酒精选2014-2015 微酒 主编	本书分为五个部分：当年大事件、那些酒业营销工具、微酒独立策划、业内大调查和十大经典案例	了解行业新动态、新观点，学习营销方法
快消品·食品	**乳业营销第一书** 侯军伟 著	对区域乳品企业生存发展关键性问题的梳理	唯一的区域乳业营销书，区域乳品企业一定要看
	食用油营销第一书 余 盛 著	10多年油脂企业工作经验，从行业到具体实操	食用油行业第一书，当之无愧
	中国茶叶营销第一书 柏 龑 著	如何跳出茶行业“大文化小产业”的困境，作者给出了自己的观察和思考	不是传统做茶的思路，而是现在商业做茶的思路
	变局下的快消品营销实战策略 杨永华 著	通胀了，成本增加，如何从被动应战变成主动的“系统战”	作者对快消品行业非常熟悉、非常实战
	调味品营销第一书 陈小龙 著	国内唯一一本调味品营销的书	唯一的调味品营销的书，调味品的从业者一定要看
	快消品营销：一位销售经理的工作心得2 蒋 军 著	快消品、食品饮料营销的经验之谈，重点突出	来源于实战的精华总结
	快消品营销与渠道管理 谭长春 著	将快消品标杆企业渠道管理的经验和方法分享出来	可口可乐、华润的一些具体的渠道管理经验，实战
	成为优秀的快消品区域经理 伯建新 著	37个“怎么办”分析区域经理的工作关键点	可以作为区域经理的‘速成催化器’
	销售轨迹：一位快消品营销总监的拼搏之路 秦国伟 著	本书讲述了一个普通销售员打拼成为跨国企业营销总监的真实奋斗历程	激励人心，给广大销售员以力量和鼓舞
	快消品经销商如何快速做大 杨永华 著	本书完全从实战的角度，评述现象，解析误区，揭示原理，传授方法	为转型期的经销商提供了解决思路，指出了发展方向
	快消品营销人的第一本书：从入门到精通 刘 雷 伯建新 著	快消行业必读书，从入门到专业	深入细致，易学易懂
农业	**农资营销实战全指导** 张 博 著	农资如何向“深度营销”转型，从理论到实践进行系统剖析，经验资深	朴实、使用！不可多得的农资营销实战指导
	农产品营销第一书 胡浪球 著	从农业企业战略到市场开拓、营销、品牌、模式等	来源于实践中的思考，有启发
	变局下的农牧企业9大成长策略 彭志雄 著	食品安全、纵向延伸、横向联合、品牌建设……	唯一的农牧企业经营实操的书，农牧企业一定要看

续表

医药	**新医改下医药营销与团队管理** 史立臣　著	探讨新医改对医药行业的系列影响和医药团队管理	帮助理清思路，有一个框架
	医药营销与处方药学术推广 马宝琳　著	如何用医学策划把“平民产品”变成“明星产品”	有真货、讲真话的作者，堪称处方药营销的经典！
	新医改了，药店就要这样开 尚　锋　著	药店经营、管理、营销全攻略	有很强的实战性和可操作性
	OTC 医药代表药店开发与维护 鄢圣安　著	要做到一名专业的医药代表，需要做什么、准备什么、知识储备、操作技巧等	医药代表药店拜访的指导手册，手把手教你快速上手
建材家居	**建材家居营销实务** 程绍珊　杨鸿贵　主编	价值营销运用到建材家居，每一步都让客户增值	有自己的系统、实战
	建材家居门店销量提升 贾同领　著	店面选址、广告投放、推广助销、空间布局、生动展示、店面运营等	门店销量提升是一个系统工程，非常系统、实战
	10 步成为最棒的建材家居门店店长 徐伟泽　著	实际方法易学易用，让员工能够迅速成长，成为独当一面的好店长	只要坚持这样干，一定能成为好店长
	手把手帮建材家居导购业绩倍增：成为顶尖的门店店员 熊亚柱　著	生动的表现形式，让普通人也能成为优秀的导购员，让门店业绩长红	读着有趣，用着简单，一本在手、业绩无忧
工业品	**解决方案营销实战案例** 刘祖轲　著	用 10 个真案例讲明白什么是工业品的解决方案式营销，实战、实用	有干货、真正操作过的才能写得出来
	变局下的工业品企业 7 大机遇 叶敦明　著	产业链条的整合机会、盈利模式的复制机会、营销红利的机会、工业服务商转型机会……	工业品企业还可以这样做，思维大突破
	工业品市场部实战全指导 杜　忠　著	工业品市场部经理工作内容全指导	系统、全面、有理论、有方法，帮助工业品市场部经理更快提升专业能力
金融	**交易心理分析** (美)马克·道格拉斯　著 刘真如　译	作者一语道破赢家的思考方式，并提供了具体的训练方法	不论你是初入股市的新手，或是股票买卖的老手，如果你想在股市中持续一贯地获利，你都应该读一读这本关于股票交易心理学的书，它会让你超脱输家轮回、晋身市场赢家
	精品银行管理之道 崔海鹏　何屹　主编	中小银行转型的实战经验总结	中小银行的教材很多，实战类的书很少，可以看看
	支付战争 Eric M. Jackson 著 徐　彬　王　晓　译	paypal 创业期营销官根据自己的亲身经历，讲述 paypal 从诞生到壮大到成功出售的整个历史过程	激烈、有趣的内幕商战故事！了解美国支付市场的风云巨变
服装	**赚不赚钱靠店长：从懂管理到会经营** 孙彩军　著	通过生动的案例来进行剖析，注重门店管理细节方面的能力提升	帮助终端门店店长在管理门店的过程中实现经营思路的拓展与突破
汽车	**汽车配件这样卖：汽车后市场销售秘诀 100 条** 俞士耀　著	汽配销售业务员必读，手把手教授最实用有用的方法，轻松得来好业绩	快速上岗，专业实效，业绩无忧

经营类：企业如何赚钱，如何抓机会，如何突破，如何“开源”

	书名．作者	内容/特色	读者价值
抓方向	**让经营回归简单．升级版** 宋新宇　著	化繁为简抓住经营本质：战略、客户、产品、员工、成长	经典，做企业就这几个关键点！
	公司由小到大要过哪些坎 卢　强　著	老板手里的一张“企业成长路线图”	现在我在哪儿，未来还要走哪些路，都清楚了
	企业二次创业成功路线图 夏惊鸣　著	企业曾经抓住机会成功了，但下一步该怎么办？	企业怎样获得第二次成功，心里有个大框架了
	老板经理人双赢之道 陈　明　著	经理人怎养选平台、怎么开局，老板怎样选/育/用/留	老板生闷气，经理人牢骚大，这次知道该怎么办了
	企业文化的逻辑 王祥伍　黄健江　著	为什么企业绩效如此不同，解开绩效背后的文化密码	少有的深刻，有品质，读起来很流畅
	使命驱动企业成长 高可为　著	钱能让一个人今天努力，使命能让一群人长期努力	对于想做事业的人，‘使命’是绕不过去的
	公司大了怎么管：从靠英雄到靠组织 金国华　著	第一次详尽阐释中国快速成长型企业的特点、问题及解决之道	帮助快速成长型企业领导及管理团队理清思路，突破瓶颈

续表

思维突破	跳出同质思维，从跟随到领先 郭　剑　著	66个精彩案例剖析，帮助老板突破行业长期思维惯性	做企业竟然有这么多玩法，开眼界
	7个转变，让公司3年胜出 李　蓓　著	消费者主权时代，企业该怎么办	这就是互联网思维，老板有能这样想，肯定倒不了
	麻烦就是需求　难题就是商机 卢根鑫　著	如何借助客户的眼睛发现商机	什么是真商机，怎么判断、怎么抓，有借鉴
	重生战略：移动互联网和大数据时代的转型法则 沈　拓　著	在移动互联网和大数据时代，传统企业转型如同生命体打碎与再造，称之为"重生战略"	帮助企业认清移动互联网环境下的变化和应对之道
	清零：用互联网思维重塑产品、客户与价值 李　蓓　著	本书阐述了传统企业在互联网思维下的战略转型之路：重新定义产品——重新寻找客户——重新发现价值	利用互联网思维结合自己已有的竞争优势，你也可以创建一个有着无限成长空间的新企业

管理类：效率如何提升，如何实现经营目标，如何"节流"

	书名．作者	内容/特色	读者价值
通用管理	1. 让管理回归简单．升级版 2. 让经营回归简单．升级版 3. 让用人回归简单 宋新宇　著	宋博士的"简单"三部曲，影响20万读者，非常经典	被读者热情地称作"中小企业的管理圣经"
	边干边学做老板 黄中强　著	创业20多年的老板，有经验、能写、又愿意分享，这样的书很少	处处共鸣，帮助中小企业老板少走弯路
	阿米巴经营的中国模式 李志华　著	让员工从"要我干"到"我要干"，价值量化出来	阿米巴在企业如何落地，明白思路了
	欧博心法：好管理靠修行 曾　伟　著	用佛家的智慧，深刻剖析管理问题，见解独到	如果真的有'中国式管理'，曾老师是其中标志性人物
	1. 用流程解放管理者 2. 用流程解放管理者2 张国祥　著	中小企业阅读的流程管理、企业规范化的书	通俗易懂，理论和实践的结合恰到好
	跟我们学建流程体系 陈立云　著	畅销书《跟我们学做流程管理》系列，更实操，更细致，更深入	更多地分享实践，分享感悟，分享从实践总结出来的方法论
	低效会议怎么改：每年节省一半会议成本的秘密 王玉荣　著	教你如何系统规划公司的各级会议，一本工具书	教会你科学管理会议的办法
	年初订计划，年尾有结果：战略落地七步成诗 郭晓　著	7个步骤教会你怎么让公司制定的战略转变为行动	系统规划，有效指导计划实现
人力资源	回归本源看绩效 孙　波　著	让绩效回顾"改进工具"的本源，真正为企业所用	确实是来源于实践的思考，有共鸣
	曹子祥教你做绩效管理 曹子祥　著	复杂的理论通俗化，专业的知识简单化，企业绩效管理共性问题的解决方案	轻松掌握绩效管理
	把招聘做到极致 远　鸣　著	作为世界500强高级招聘经理，作者数十年招聘经验的总结分享	带来职场思考境界的提升和具体招聘方法的学习
	走出薪酬管理误区 全怀周　著	剖析薪酬管理的8大误区，真正发挥好枢纽作用	值得企业深读的实用教案
	集团化人力资源管理实践 李小勇　著	对搭建集团化的企业很有帮助，务实，实用	最大的亮点不是理论，而是结合实际的深入剖析
	人才评价中心．超级漫画版 邢　雷　著	专业的主题，漫画的形式，只此一本	没想到一本专业的书，能写成这效果
	我的人力资源咨询笔记 张　伟　著	管理咨询师的视角，思考企业的HR管理	通过咨询师的眼睛对比很多企业，有启发
	本土化人力资源管理8大思维 周　剑　著	成熟HR理论，在本土中小企业实践中的探索和思考	对企业的现实困境有真切体会，有启发

续表

企业文化	**华夏基石方法:企业文化落地本土实践** 王祥伍　谭俊峰　著	十年积累、原创方法、一线资料,和盘托出	在文化落地方面真正有洞察,有实操价值的书
	企业文化的逻辑 王祥伍　著	为什么企业之间如此不同,解开绩效背后的文化密码	少有的深刻,有品质,读起来很流畅
	企业文化激活沟通 宋杼宸　安琪　著	透过新任 HR 总经理的眼睛,揭示出沟通与企业文化的关系	有实际指导作用的文化落地读本
生产管理	**高员工流失率下的精益生产** 余伟辉　著	中国的精益生产必须面对和解决高员工流失率问题	确实来源于本土的工厂车间,很务实
	车间人员管理那些事儿 岑立聪　著	车间人员管理中处理各种"疑难杂症"的经验和方法	基层车间管理者最闹心、头疼的事,'打包'解决
	1. 欧博心法:好管理靠修行 **2. 欧博心法:好工厂这样管** 曾　伟　著	他是本土最大的制造业管理咨询机构创始人,他从400多个项目、上万家企业实践中锤炼出的欧博心法	中小制造型企业,一定会有很强的共鸣
生产管理	**欧博工厂案例1:生产计划管控对话录** **欧博工厂案例2:品质技术改善对话录** **欧博工厂案例3:员工执行力提升对话录** 曾　伟　著	最典型的问题、最详尽的解析,工厂管理9大问题27个经典案例	没想到说得这么细,超出想象,案例很典型,照搬都可以了
	苦中得乐:管理者的第一堂必修课 曾　伟　编著	曾伟与师傅大愿法师的对话,佛学与管理实践的碰撞,管理禅的修行之道	改善心境,提升境界,从容做管理
员工素质提升	**跟老板"偷师"学创业** 吴江萍　余晓雷　著	边学边干,边观察边成长,你也可以当老板	不同于其他类型的创业书,让你在工作中积累创业经验,一举成功
	销售轨迹:一位快消品营销总监的拼搏之路 秦国伟　著	本书讲述了一个普通销售员打拼成为跨国企业营销总监的真实奋斗历程	激励人心,给广大销售员以力量和鼓舞
	在组织中绽放自我:从专业化到职业化 朱仁健　王祥伍　著	个人如何融入组织,组织如何助力个人成长	帮助企业员工快速认同并投入到组织中去,为企业发展贡献力量
	企业员工弟子规:用心做小事,成就大事业 贾同领　著	从传统文化《弟子规》中学习企业中为人处事的办法,从自身做起	点滴小事,修养自身,从自身的改善得到事业的提升

营销类:把客户需求融入企业各环节,提供"客户认为"有价值的东西

	书名. 作者	内容/特色	读者价值
营销模式	**变局下的营销模式升级** 程绍珊　叶宁　著	客户驱动模式、技术驱动模式、资源驱动模式	很多行业的营销模式被颠覆,调整的思路有了!
	卖轮子 科克斯　【美】	小说版的营销学!营销核心理念巧妙贯穿其中,贵在既有趣,又有深度	经典、有趣!一个故事读懂营销精髓
	弱势品牌如何做营销 李政权　著	中小企业虽有品牌但没名气,营销照样能做的有声有色	没有丰富的实操经验,写不出这么具体、详实的案例和步骤,很有启发
	老板如何管营销 史贤龙　著	不要认为营销就是4个P、C、R的概念游戏,揭开营销智慧助力企业成功的内在奥秘	高段位营销16招,好学好用,老板能看,营销人也能看
	动销:产品是如何畅销起来的 吴江萍　余晓雷　著	真真切切告诉你,产品究竟怎么才能卖出去!突破产品滞销困局的实战宝典	击中痛点,提供方法,你值得拥有

续表

组织和团队	**升级你的营销组织** 程绍珊　吴越舟　著	用"有机性"的营销组织力替代"营销能人"，把营销团队变成"铁营盘"	营销队伍最难管，程老师不愧是营销第1操盘手，步骤、方法都很成熟
	用数字解放营销人 黄润霖　著	通过量化帮助营销人员提高工作效率	作者很用心，很好的常备工具书
	成为优秀的快消品区域经理 伯建新　著	37个"怎么办"分析区域经理的工作关键点	可以作为区域经理的'速成催化器'
	一位销售经理的工作心得 蒋　军　著	一线营销管理人员想提升业绩却无从下手时，可以看看这本书	一线的真实感悟
	快消品营销：一位销售经理的工作心得2 蒋　军　著	快消品、食品饮料营销的经验之谈，重点突出	来源于实战的精华总结
	销售轨迹：一位快消品营销总监的拼搏之路 秦国伟　著	本书讲述了一个普通销售员打拼成为跨国企业营销总监的真实奋斗历程	激励人心，给广大销售员以力量和鼓舞
	用靠谱的营销计划锁定胜局：用数字解放营销人2 黄润霖　著	全方位教你怎么做好营销计划，好学好用真简单	照搬套用就行，做营销计划再也不头痛
案例	**解决方案营销实战案例** 刘祖轲　著	用10个真案例讲明白什么是工业品的解决方案式营销，实战、实用	有干货、真正操作过的才能写得出来
	我们的营销真案例 联纵智达研究院　著	五芳斋粽子从区域到全国/诺贝尔瓷砖门店销量提升/利豪家具出口转内销/汤臣倍健的营销模式/娃哈哈联销体	选择的案例都很有代表性，实在、实操！
	招招见销量的营销常识 刘文新　著	如何让每一个营销动作都直指销量	适合中小企业，看了就能用
	中国首家未来超市：解密安徽乐城 IBMG国际商业管理集团　著	零售企业的未来在哪里？本书深入挖掘了安徽乐城超市的试验案例，为零售企业未来的发展提供了一条可借鉴之路	通俗易懂，行业经验丰富，宝贵的行业量化数据，关键思路和步骤
	中国营销战实录：令人拍案叫绝的营销真案例 联纵智达　著	51个案例，42家企业，38万字，18年，累计2000余人次参与……	最真实的营销案例，全是一线记录，开阔眼界
产品	**产品炼金术Ⅰ：如何打造畅销产品** 史贤龙　著	满足不同阶段、不同体量、不同行业企业对产品的完整需求	必须具备的思维和方法，避免在产品问题上走弯路
	产品炼金术Ⅱ：如何用产品驱动企业成长 史贤龙　著	做好产品、关注产品的品质，就是企业成功的第一步	必须具备的思维和方法，避免在产品问题上走弯路
	新产品开发管理，就用IPD 郭富才　著	10年IPD研发管理咨询总结，国内首部IPD专业著作	一本书掌握IPD管理精髓
品牌	**中小企业如何建品牌** 梁小平　著	中小企业建品牌的入门读本，通俗、易懂	对建品牌有了一个整体框架
	采纳方法：破解本土营销8大难题 朱玉童　编著	全面、系统、案例丰富、图文并茂	希望在品牌营销方面有所突破的人，应该看看
	中国品牌营销十三战法 朱玉童　编著	总结归纳了采纳20年来的品牌策划方式方法，并将其总结提炼成了13条战法，同时配有大量的案例	众包方式写作，丰富案例给人启发，极具价值
渠道通路	**快消品营销与渠道管理** 谭长春　著	将快消品标杆企业渠道管理的经验和方法分享出来	可口可乐、华润的一些具体的渠道管理经验，实战
	传统行业如何用网络拿订单 张　进　著	给老板看的第一本网络营销书	适合不懂网络技术的经营决策者看
	采纳方法：化解渠道冲突 朱玉童　编著	系统剖析渠道冲突，21个最新的渠道冲突案例、情景式讲解，37篇专题讲义	系统、全面
	学话术　卖产品 张小虎　著	分析常见的顾客异议，提出破解方案，将复杂的销售程序化，将优秀的话术模块化	让普通导购员也能成为销售精英

糖烟酒周刊简介

《糖烟酒周刊》：我们致力于“满足一个行业的商务需求”，密切沟通厂商，深度搭建糖酒行业商务平台，始终以“持续推动行业健康发展”为己任，完成了从经营媒体到经营资源的转型，实现了传媒行业、糖酒食品行业和生产服务业的融合，构建起行业传播、招商推广、营销培训、行业评价四大类服务平台，覆盖酒类、食品、烟草等三大行业及上下游配套产业，打造形成了糖酒食品行业的“全服务链”。

华糖商学院：华糖商学院是依托《糖烟酒周刊》杂志强大平台建立的专注食品行业的培训机构，致力于食品行业的发展，为食品行业提供战略性的专业动力和智力支持。

专注实战培训，聚焦行业问题，华糖商学院整合了行业众多名师专家，为食品行业、经销商提供最具实战的系统培训方案。

自成立以来，华糖商学院先后举办中国饮料总裁决策班，经销商大型公开课、超商考察班、经销商研修班等系列课程，获得了学员的高度认可。

观峰智业集团简介

观峰咨询智业集团是国内著名的智业产品提供者和服务商，目前观峰智业集团已经拥有观峰咨询（上海、北京、郑州、成都 4 个分公司），中国中部产业发展研究中心，《中国中部杂志》及全媒体平台，中国中部产业发展研究中心河南原阳有机大米种植示范基地以及酒德福商贸公司 6 个全资分支机构。

观峰咨询是观峰智业集团的主导业务，成立于 2005 年，累计服务快消品企业近 400 家，其中酒类企业包括茅台神州酒、汾酒大缸酒、西凤酒凤至尚、洋河苏源事业部、口子窖老口子、仰韶彩陶坊、四五老酒、岭南米酒、辽宁太阳谷酒庄、中粮君顶酒庄、黑龙江乌拉薇尼娜等企业，食品企业包括娃哈哈、南方黑芝麻糊、养元六个核桃、台湾私房小厨、广东佳隆等企业。观峰咨询团队成员 100% 来自行业领导型企业，且具有 8 年以上中高层管理经历。是一个以实战实效为比较竞争优势，率先在业内实施“提成式收费，保姆式服务”智业机构，主合作模式有三种，一是咨询策划加派驻辅导；二是托管产销分离，营销托管；三是股份制，营销外包型服务。

中国中部产业发展研究中心是立足于官、产、学、研一体化的智业服务机构，以“政府智囊，产业谋局，企业决策”为宗旨，主要服务于产业战略制订、产业价值链打造、产业园区发展规划、产业园区招商引资以及园区企业咨询策划及农业产业化产业研究。同时，为中部 6 省的产业经济类，区域经济类发展论坛提供专业化服务。

《中国中部》杂志是一本政治经济类杂志，主要是以经济视野解读国家相关政策。读者群体主要是中部6省县处级干部，大型国有企业、事业单位，单期发行一万多本，是中国中部颇具传播价值与影响力的杂志。同时，依托《中国中部》纸质媒体的线下服务能力以及资源，拥有移动互联网媒体和自媒体。

中国中部产业发展研究中心河南原阳有机大米示范基地，面积0.8平方千米，位于原阳县黄河岸边，距郑州市区30多公里，约40分钟车程，是观峰智业集团顺应中国农业产业政策多是为更好服务特产类，农副产品类企业而实施的示范基地。该示范基地是集良种栽培、有机作物种植、农业观光旅游、商务休闲、餐饮娱乐为一体的综合化农业产业园。

酒德福商贸公司是观峰智业集团下辖实体经营机构，借助观峰咨询团队20年的市场资源积累和专业能力，主要以OEM的方式与食品酒类战略合作，酒德福公司拥有食品酒类注册商标300多个。同时也为食品酒类企业新品推广提供测试平台和标杆市场打造等专业服务。

2015年是观峰智业集团第三个5年规划的开局之年，第三个5年战略目标是推动观峰智业集团成功进入资本市场，将集团的产业研究、企业服务、文化传媒、资本运营4大板块做到行业领先。